百年佛缘

目录

百年佛缘 9 名家看《百年佛缘》

百年佛缘

9

名家看《百年佛缘》

佛光山书记室 编

生活·讀書·新知三联书店

台湾佛光山宗委会独家授权

图书在版编目(CIP)数据

百年佛缘/星云大师著. —北京:生活·读书·新知三联书店,2013.10
ISBN 978-7-108-04720-5

Ⅰ. ①百…　Ⅱ. ①星…　Ⅲ. ①星云—传记　Ⅳ. ①B949.92

中国版本图书馆 CIP 数据核字(2013)第 203522 号

有您真好

星雲

名家看《百年佛缘》

大师用文章行天下，做事情。
一生写作、编纂、出版的
中外文图书达九百多种，
超过二千万言。
文字的力量，思想的力量，
是这个世界上最能打动人、
影响人、带动人的力量。
大师这些挥汗握冰写出来的文字，
一笔一画，一字一句，
丝丝缕缕，把思想的光芒传递给大众，
如春雨般浸润了无数
向善人的心。

百年佛缘——一部当代佛教史

“国史馆”馆长　吕芳上

吕芳上，一九四四年生，历史学家，研究领域为中国近现代史、近代妇女史、国民革命史、中国国民党党史。曾任中国国民党中央党史会总干事、“中央研究院”近代史研究所研究员兼所长、东海大学历史学系专任教授。著有《朱执信与中国革命》、《革命之再起——中国国民党改组前对新思潮的回应，1914—1924》等书。现任“国史馆”馆长。

佛光山是战后台湾佛教教团之一，创办人是星云大师，目前已出版的星云大师传记，重要者有符芝瑛执笔的《传灯：星云大师传》及《云水日月：星云大师传》，陆震廷所著《人间佛教与星云大师》，林清玄写的《浩瀚星云》，圆神出版的《有情有义——星云回忆录》，以及大陆学者邓子美、毛勤勇合写的《星云八十：学者看大师》。此外，《星云日记》四十四册，以及《云水三千：星云大师弘法五十年纪念影像专辑》、《佛光山开山三十周年纪念特刊》、《佛光山开山四十周年纪念特刊》等，加上佛光山出版的种种经书与报刊，对我们了解星云大师与佛光山的历史，已有不少资料可以参考。

过去“国史馆”曾出版有关台湾佛教人物口述历史丛书多种，佛光山是台湾佛教重要团体，其创办人或相关重要人士当然很值得我们进行访问。这次出版星云大师口述的《百年佛缘》，不管在内容或体裁上，与上列诸书极为不同。本书是经由大师口述亲身见闻，再由弟子记录整理而成，对于了解中国近百年来的佛教，尤其是战后台湾佛教发展，有许多前所未录的原始资料，具有相当高的史料价值。

本书体裁极为特殊，全书分为：僧信之间、文教之间、社缘之间、行佛之间四卷，共五十九篇，各篇均采主题式呈现，故与一般传记及口述史不同，其间谈及之人、事极多、极广，并由此呈现星云大师丰富的生命历程。

星云大师自一九四九年春随“僧侣救护队”来到台湾，至今已逾一甲子。战后台湾佛教发展颇具特色，而佛光山自开山以来，先是在台湾本土，继往海外各地发展，如今佛光山所属道场已遍及全球五大洲。据大师说：佛光山并不是由某一个人所造就的，而是在集体创作下，成就今日“法水长流五大洲”的局面，此即佛教所谓的“众缘和合”。佛光山在星云大师带领下，前后剃度的出家弟子有一千六百人以上，在全球各地近百个国家、地区先后创办了国际佛光会，目前已有一百七十多个协会，数千个分会，并有多达数百万名佛光人分布全球。国际佛光会是凝聚全球华人的重要社团，与狮子会、扶轮社、同济会，是华人在世界上的四大团体，经过多年的发展，其影响力有目共睹。

除国际佛光会，佛光山还创办了人间卫视、《人间福报》，以及在美国的西来大学、嘉义的南华大学、宜兰的佛光大学、澳大利亚的南天大学等四所大学，另外还有高雄的普门中学、南投的均头、台东的均一中小学等多所中小学。在佛光山出家的比丘、比丘尼之中，拥有博士学位者五十多人，拥有硕士学位者二三百人。甚至于在家信徒中，拥有学士、硕士、博士、檀讲师、檀教师者，不计其数，可谓人才济济。佛光山教团发展到目前的规模与多角化经营，衡诸中外历史，虽不是绝后，至少也是空前的。而作为佛光山精神领导的星云大师，除善于讲经说法外，也擅长以文字般若弘扬佛法，曾著有《无声息的歌唱》、《释迦牟尼佛传》、《玉琳国师》、《人间佛教丛书》、《星云禅话》等书，流传极广。数年前《玉琳国师》改编成电视连续剧《再世情缘》，更是盛况空前。

佛光山今日之佛教事业成就，与星云大师其个人广阔的人脉有关，此可由本书内容得知，如他与本省佛教长老法师、大陆佛教长老、台湾青年法师、海外法师及学者，以及台湾的比丘、比丘尼、长者居士、优婆夷、信众道友等，都有密切的交往，透过他的娓娓道来，除可以提供我们了解当代佛教界复杂的人际关系外，对于当代佛教发展诸多面相，亦具有相当重要的参考价值。如何定位佛光山在战后台湾佛教发展史的地位？佛光山的主要特色有哪些？本书提供了一种理解的可能方式。

佛光山的佛教事业，可由弘法、修持、慈善、教育、文化等方面来掌握，本书正好提供了一份理解佛光山的基本素材。依星云大师说，佛光山是本着释迦牟尼佛的本怀，接受太虚大师倡导，有着“人间佛教”的性格。什么是“人间佛教”？依大师说：“只要是佛说的、人要的、净化的、善美的，凡有助于增进幸福人生的教法，都是人间佛教。”而佛光山所推行“星云模式”的人间佛教，实是二十世纪全世界弘扬人间佛教的典范之一。人间佛教是以出世精神从事入世的工作，星云大师重视人间佛教的建立，除了举办音乐会、读书会、佛学会考、云水医院、云水书车、滴水坊、美术馆外，在本书《建立人间佛教的生活侧记》一篇中，大师特别提到，可以透过：满月命名、入学典礼、成年礼、佛化婚礼、祝寿礼、菩提眷属祝福礼、丧葬礼仪、日常送礼等方式，与众生结缘。过去佛教界对这方面不太重视，星云大师特别留意及此，应有其特殊用意在。

星云大师表示，“人生要欢喜跟人结缘”，口述中也多次强调：“一个年轻的初学者，一生至少要参访五十个以上的高僧大德，不但要向他们请法、求开示，并且要能记住他们说过的三五句话，不如此则不容易成功。”这就是《华严经》所描述的善财童子到处参访问学的精神表现。佛光山今日的成就，与此种性格大有关系。大师交游广、识人多，透过其所见所闻，呈现出一部极为生动活泼的“当代佛教史”。

佛光山规模宏伟，在发展过程中，难免会有来自各方不同的评价。站在“国史馆”立场，我们是以客观立场来刊布各种史料、史著，更尊重各方不同的看法。口述历史或自传、传记之所以能够吸引读者，就是因为其中具有传主或撰者主观的色彩，亦即透过传主或撰者的立场、角度来呈现其所理解的事相。所谓同事殊相、同事殊义，其义在此。

二〇一二年八月八日

（本文为《百年佛缘》“国史馆”初版本·馆长序）

《百年佛缘》读后

《人间福报》社长　符芝瑛

符芝瑛，一九五九年生，曾任联合报系《中国论坛》、《民生报》记者、编辑，《远见》杂志编辑，梁山泊天下文化出版公司主编。一九九五年移居上海，担任上海贝塔斯曼书友会编辑顾问、行销顾问，贝塔斯曼亚洲出版公司高级顾问，贝塔斯曼网上书店产品部经理，麦考林国际邮购公司产品总监。出版著作有《传灯——星云大师传》、《薪火——佛光山承先启后的故事》、《云水日月——星云大师传》、《台湾过唐山》等书。现任《人间福报》社长。

二〇一三春节的炮竹声仍响在耳边，"恭喜""恭喜"的祝福还挂在嘴上，欢乐的气氛似乎可以长长久久，绵绵延延……

这个年，一开始，拿到的最大"红包"——情义重礼本身也重——就是佛光山开山星云大师的新作品《百年佛缘》，捧在怀里，沉甸甸的，是历史的厚实；用手抚摸，暖呼呼的，是作者的诚意。

严格讲起来，我对这套书并非完全陌生，因为早在"国史馆"出版四册之前，我的师父星云上人已经与我分享了其中部分内容，还很客气地邀我指正批评。追随师父二十年，写过两本他的传记，自认对他是有些认识与了解的，知道他一向对大是大非有着坚定的原则，当说的、当做的，基于公义，忠于事实，绝不会忌惮别人对他个人的毁誉，而畏缩乡愿。但是读到那些手稿，我还是讶异了，因为某些内容，跟我们一般印象中佛教徒必须隐忍、必须不计较、必须与人为善，有些冲突。

考虑再三，我把稿子奉还时，斗胆建议，出版前，在某些比较"敏感"的内容上是否稍微注意，以免得罪人。

师父表示，谢谢我的宝贵意见。

不久后，"国史馆"的版本出版了，承蒙师父赠送一套，我首先翻到原先我建议修饰的地方，发现语气与措辞的确有修改，但师父对其人其事的描述及评价，仍然忠实，原原本本呈现。

此时，我恍然大悟，对啊！因为这套书的定位是口述历史，是辛亥百年来的历史切片；是近代百年佛教史的轨迹，必须要忠实呈现历史原貌，必须要有客观的历史态度，不应该考虑个人的毁誉荣辱。

就如同当年撰写《史记》的司马迁，无论是写帝王将相，还是文人士大夫，不因为他们的地位高低、权势更迭而在笔下有所偏袒或畏惧。即使最后让自己蒙受灾难，也义无反顾。这也就是为什么《史记》能够流传千古为人歌颂的理由。

因为《百年佛缘》是历史书，星云大师本着为历史负责的态度，字字句句，心心念念，希望后代人从中看到历史的关键时刻、关键人物；知兴替、知荣辱。

去年，在处理“内政部”拟取消佛诞节为“法定纪念日”的新闻时，我向师父请示分寸如何拿捏，因为某些人认为，佛教徒不需要那么计较，有没有法定两个字，我们同样还是可以自己庆祝。听到我的疑虑，师父非常严肃地表示，这种说法是不对的，凡是合理的权益与尊重，我们佛教徒都可以去争取，而且应该当仁不让。最后给了我两句话：“宁叫老僧入地狱，不拿佛法做人情。”

我仿佛得到他老人家的无穷力量，鼓起勇气去打这场新闻仗，结果赢回了佛诞节的法定地位。

从这件事，更加印证星云大师是有历史道德勇气的，阅读《百年佛缘》的读者，可以自己去细细体会。

“国史馆”的版本推出之后，打破了口述历史书籍的销售记录，首刷两千套在很短时间内售罄，“国史馆”破天荒再版。弟子信徒们听了都非常兴奋，倒不是因为书籍畅销，星云大师的书畅销早已没什么稀奇，连在大陆，他都是畅销书排行榜上的熟面孔。大家之所以兴奋，是因为大师再一次提升了佛教徒的荣誉感，让佛教的历史在正式史料记载里取得一席之地，而且证明佛教的历史是与大众生活息息相关的，是具有高度可读性的，是能够吸引非佛教徒兴趣的。

为什么这套历史书能够如此受到欢迎？在这里，必须要提到星云大师的匠心独运，处处为人设想。

很多人以前读书的时候，最害怕上历史课，为何？因为枯燥，因为年代久远、人名庞杂、关系纠葛、因果混乱。历史读得好的人，基本上都有过人的记忆力，因为少不了死背的功夫。而星云大师因为没有进过正规的学校就读，也就免除了正规教育的框限。记得他跟我说过，小时候他读的第一本书是《精忠岳传》，最喜欢看的是《水浒传》，里面一百零八位梁山泊英雄好汉的名字跟外号，他都能背得滚瓜烂熟。那不是因为老师逼迫，也不是因为应付考试，而是内容吸引住他，自然而然即记住了。

也许是因为他没有被正规教育"荼毒"，完全是从经验及揣摩里去悟出写作的精要，日后著作等身，都很强调内容要让人看得懂，要让人受用，所以在他的书里，事理兼备，相辅相成，深入浅出，恰如其分。

《百年佛缘》这套书，涉及的历史年代纵深百年，涵盖的人物不下数百，彼此之间又有千丝百缕的关系，但是为什么不会让人望之却步，反而会一翻开书页就上瘾，爱不释手呢？我想就是因为星云大师"心中有读者"。这套书的分门别类清晰富有逻辑性，每篇又独立成文，读起来眉目分明，没有读历史书的压力沉闷。最重要的是大师充分运用了他善于说故事的特质，厚重的历史在他的巧妙穿针引线下流畅地铺陈，复杂的历史在他的生命轨迹里出入自如，水乳交融。

我尤其喜欢看他把一些生活里的细节，包括衣食住行，包括小时候的童玩，包括与老奶奶家常对话，一个个情节，娓娓道来，那样浑然天成，那样不假修饰，就好像星云大师在我们身边，在我们眼前，熟悉得如同陪伴老父亲，温暖炉火哔啵，捧一杯茶，依偎在他膝下，听他分享生命的酸甜苦辣。

当然，身为大时代的孩子，他所经历的考验磨难岂会少，只是在智慧圆融的酿造下，那些苦难都已经转化成为醇郁的蜜汁，以《百年佛缘》的数百万字，哺喂年轻的读者，从他的故事中获得历史的养分、成长的泉源。

近日，又领受了师父的关爱，将烧烫烫刚出炉的一套十五册《百年佛缘》增订本送到我的办公室。并且说，书中也有提到一段与我的因缘。说来惭愧，二十年前接触星云大师时百般心不甘情不愿，然而后来不但在美国洛杉矶西来寺皈依，也承蒙师父不弃，二十年来始终常有往来，两年前又要我回来协助《人间福报》。我只是区区一个小小女子，对佛教也没什么贡献，竟然能在这套历史巨著中留名，始料未及。

或许我在星云大师的书中仅是众多名字里的其中之一，但星云大师在我的人生里已超过三分之一时间，亦师亦父，亦师父。

这套新出版的增订本，共包含一百一十篇文章，其中半数以上都是新作。事实上，“国史馆”的版本面世后不久，师父就已经在构思增加新的篇章，并补充修改旧稿的不足了。

据我了解，过去大半年，师父的行事作息一如以往，忙碌非常，每日接待来自世界各地的贵宾信众、主持会议、授课开示……还有包括大陆、泰新马等好几场重要的海外弘法活动，但是他心中始终摆放着这套书的进程，只要有一些些零碎时间，他就开始口述，而书记室的七八位弟子也随时都在待命，只要师父一开口，他们即刻能跟上，非常有效率地记载下来。有时候会因为某些公务急需师父处理，口述中断，师徒们各自去忙碌。一旦重新开始，师父立刻能回到状态中，从上一次的中断点有条不紊地继续下去，弟子们也都能马上接招，无缝接轨。

基本上师父口述出来的内容，就已经是百分之九十九的完成品，包括主题构思、起承转合、人物经纬、事件因果……都已经非常完整，弟子们只要跟得上，记得全，整理成文字之后再念给师父听，师父稍微纠正一些错别字，初稿就底定了。

我想，此等功力与师父胸怀万壑的生命经历绝对有关，才能够信手拈来，不费工夫。另一方面，也归功于他多年练习打腹稿的习惯，还有就是擅于利用短暂的时间，使得这么大部头的作品能够如此快速完成。

很多人都知道星云大师记忆力之强令人叹为观止，在口述《百年佛缘》的过程中，我有幸参与过一篇，主题是他与出版编辑的因缘。年代从民国二十几年，跨越到如今；谈及的报刊杂志包括他投稿过的、主编过的、创办过的，不下二十余种；相关的人物，从出家众到在家众，也有几十位。大师在口述中，条理分明，巨细靡遗；时代背景波澜壮阔，人物个性呼之欲出，我们听得着迷，津津有味，就如同上了一堂近代佛教杂志报刊出版的历史课。

在大师稍微喘息的片刻，弟子们口径一致地赞叹："师父，您的记忆力真的是太厉害了！"

星云大师今年八十七岁，他在七十多岁时曾经说过，他一生没有休过假，每天一个人做五个人的工作，工作以来六十年，一生等于活了三百岁。按照这个算法，他现在应该已经三百七十五岁了。我想，以师父的修为与智慧一定知道寿命长短并不操之在人，生命的价值不在长度，而在广度、深度与高度，最重要的是态度。大师生命的广度、深度与高度早已受到多方肯定，他之所以在如此高龄，不惜辛劳，致力于《百年佛缘》的出版，我体认到那是他在展示他的生命"态度"和"责任感"——每个人都是历史所创造，每个人也都在创造历史、留下历史。

宋朝名臣文天祥在遭到元军拘禁劝降时，写了一首诗《过零丁洋》，其中有两句脍炙人口、流传千古："人生自古谁无死，留取丹心照汗青。"也许星云大师所处的时代没有那么悲壮，但他们共同所秉持的生命态度却是一致的：在历史的洪流里，每个人如何留下一些能够照亮后人道路的光明，给予后人滋养慧命的因缘！

我们的师父一生无我，时时刻刻为众生，在我想象中，《百年佛缘》的出版，他如吐尽生命精华的蚕，为的是与众生再结一份法缘，希望众生从这套书得到羽化为美丽蝴蝶的能量。

《百年佛缘》赞

诗人　余光中

余光中，一九二八年生，现任台湾高雄中山大学荣誉退休教授。一九五三年与覃子豪、钟鼎文、夏菁、邓禹平等共创“蓝星诗社”。创作文类包括论述、诗、散文等。曾任“中华现代文学大系”（九歌）的总编纂，主编《蓝星周刊》、《现代文学》、《文星》诗页、《蓝星丛书》五种及《近代文学译丛》十种、《现代文学》双月刊、政治大学《大学英文读本》、《中外文学》诗专号等。曾获“中国文艺协会”新诗奖章、中山文艺奖、时报文学奖、吴鲁芹散文奖、吴三连文艺散文奖、“新闻局”图书金鼎奖主编奖、“国家文艺奖”、五四奖之“文学交流奖”、全球华文文学星云贡献奖等。

星云大师口述并由佛光山众弟子记录的《百年佛缘》皇皇十五册即将推出。我有幸先睹为快,读了其序诗《人间佛缘·百年仰望》及其部分菁华篇章,十分感动。

大师生于一九二七年,长我一岁,但他一生的经历,始于贫困与动乱,而臻于晚年的建设与成功,远非我所能及。不过,我仍庆与他有缘:首先,他早年出家,受戒于江北江南,尤难忘栖霞寺的修炼。我则生于南京,直到九岁才逃难离去。其次,大师初来台湾,在各地弘法,但是要到高雄之后,才能深根厚植,将佛光照亮台湾,继而传播海外。正好我也从香港迁来高雄长住,开始我晚年的修炼。第三,大师在高僧之中,与文艺界最为亲近,不少作家都是他老友,因此我有缘接受南京栖霞寺之邀,和他与会同座,又接鉴真图书馆之请去扬州讲学,《人间福报》访问过我,也刊登了我好几篇文章,终于在二〇一一年将"全球华文文学星云贡献奖"亲自颁赠给我。而最近,在今年一月底,大师读了拙作《行路难》,更在《人间福报》上发表唱和之作,婉劝我当今两岸文化交流正畅,不用妄叹行路难,令我非常感动。

星云大师在《百年佛缘》的序诗中,自述一生经历与老来心愿,涉及的先是盘古、女娲、唐尧虞舜、老子、庄周,继而追忆北伐、抗战、内战、居台弘法,终于展望四海一家,有志致佛光山于人间天堂,俾佛光普照,法水长流。足见其胸怀之大,寄托之远。他晚年的"一笔字"书法,遍受欢迎。我曾作一联以赠如下:

一笔贯日月　八方悬星云

二〇一三年二月二十六日于高雄西子湾

天佑中华　得天独厚

中央社会主义学院第一副院长　叶小文

叶小文，一九五〇年生，一九八五年开始从政。一九九五年出任国务院宗教事务局局长，作为国务院特派专员赴西藏参与主持第十一世班禅的金瓶掣签和坐床大典；一九九八年“国务院宗教事务局”更名为“国家宗教事务局”，担任局长职务。曾兼任全国哲学社会科学规划领导小组社会学学科组成员、中国宗教学会顾问，现任中央社会主义学院第一副院长、党组书记。

二月二十五日，中共中央总书记习近平在人民大会堂会见中国国民党荣誉主席连战及随访的台湾各界人士。据报道，“尹衍梁、吴清基、星云大师等台湾经济界、文教界、宗教界代表人士在会见时发言，表示支援两岸关系和平发展，愿为加强两岸各领域交流合作做出积极努力”。

星云大师作为台湾宗教界的代表，也在其中。

我虽未听到他的发言，但这些年交往较多，近又读他口述的《百年佛缘》，能想到他要讲的话，能感悟到一个努力推动两岸关系和平发展、共圆民族复兴梦、虔诚善良的佛教徒的赤子之心。

佛教讲世间的“八苦”之一是“爱别离苦”。两岸骨肉同胞不能团聚，乃国之大殇、乡之深愁。数年前我率团访日，星云大师闻讯专程从台湾赶来，陪我同游富士山，至“五合目”饮茶叙旧。我们默默对坐良久，百感交集，却又相视无言。我写了首小诗回忆当时情景：

男儿有泪不轻弹，英雄一怒喷火山。
无情未必真豪杰，尚留泪痕挂山峦。
五合目外春尚寒，一饮君茶暖心间。
异国更有思乡苦，万语千言却无言。

六年前，台湾有人企图通过“入联公投”绑架民意搞“台独”，挑起两岸冲突。星云大师针锋相对，在台北举办数万人的“佛光山祈祷两岸和平大法会”，还从大陆请了一座“和平钟”。他在会上赋诗云：

两岸尘缘如梦幻，骨肉至亲不往还；
苏州古刹寒山寺，和平钟声到台湾。

我也以诗相和：

一湾浅水月同天，两岸乡愁夜难眠；
莫道佛光千里远，兄弟和合钟相连！

台湾诗人余光中的一句“乡愁是一湾浅浅的海峡，我在这头，大陆在那头”，让多少人潸然泪下。前不久，余光中又发表了一首《行路难》：

欲去江东，却无颜面见江东父老，问子弟而今安在？
欲去江北，却无鹤可以乘载，况腰间万贯何来？
欲去江南，暮春却已过三月，追不上杂花生树；
欲去江西，唉，别把我考倒了，谁解得那些典故……

我随后收到星云大师的诗。“今晨，一月二十五日，学生们读报纸给我听，报道余光中先生《行路难》一诗。一时雅兴，也以诗句和之”：

今日江东，未曾改变大汉雄风。大汉名声如雷贯耳，茱萸宝莲遥遥相望。

汉唐子嗣，今朝可望；楚汉子弟，引首顾盼，望早归乡；

回首江南，江南紫金山，孙中山先生声望仍隆。两岸人民，寄予尊重。

春有牛首，秋有栖霞，雨花红叶，回首难忘；

欲去江西，一花五叶，禅门五宗的文化，至今人人都向往。

江西得道的马祖，洞庭湖的石头（石头希迁禅师），多少人在“江湖”来往。

临济儿孙满天下，庐山的景光迷蒙，何愁江西无望；

再去江北，汉朝淮阴侯，现代周恩来，人文荟萃的地方。

江北盐城是丹顶鹤的故乡。

扬州仙女庙，鉴真图书馆，与镇江金焦二山隔江相望。

扬子江风光依旧，扬子江的母亲，思念云水天下的游子，回乡探望……

我回复：

大师行路何惧难，爱国思乡梦能圆。

安得迢迢路千里，眼前翩翩一少年。

参加了昨天习近平总书记的会见，我打电话问星云大师的感受，他说，印象最深的是习总书记说的：“两岸关系虽然历经坎坷，但终究能打破长期隔阂，开启交流合作。这是因为，两岸同胞同属中华民族，这种天然的血缘纽带任何力量都切割不断；两岸同属一个中国，这一基本事实任何力量都无法改变；两岸交流合作得天独厚，这种双向利益需求任何力量都压制不住。更是因为，全体中华儿女有决心通过自己的不懈奋斗自立于世界民族之林，这种全民族共同愿望任何力量都阻挡不了。”这就叫：天佑中华，得天独厚！

读“心”

天下文化远见事业群创办人　高希均

高希均，一九三六年生，远见·天下文化创办人。曾任“行政院国际经济合作发展委员会”人力小组顾问、台湾大学商学研究所讲座教授、“行政院”顾问、“经济部”顾问、“中央大学”荣誉教授、美国威斯康星大学河城校区经济学系教授多年，并于一九七一至一九八〇年间担任威斯康星大学河城区经济学系主任。二〇〇〇年后担任“国内外财团法人基金会”董事，并常应邀担任国际论坛之贵宾演讲及主持人。

透明与无私

读完十五卷大师口述的《百年佛缘》，就像百科全书那样地内容丰富、引人入胜，真是传记的典范。大师每做一件事，都做得尽善尽美。一年前落成的佛陀纪念馆以及这套刚出版的《百年佛缘》，就是他年近九十的另两个例子。

记录“佛缘”的书记有一段生动的见证：“这部《百年佛缘》的特质是大师将一己化作灯蕊，以一生的磨难点燃自身，去照亮这百年中的佛教人事物；以自己为布幕，映照书中的每个生命、每一事例，暖暖含光，念念分明。”

因此《百年佛缘》是大师叙述他的生命历程——不论是生活、社缘、文教、僧信、道场、行佛，娓娓道来，美不胜收；也折射出一个大时代的苦难奋起——百年来中国的动荡、台湾社会的嬗变、海外华人的处境。

是因为大师内心深处拥有了透明与无私的信念，书中才会记述这么多人物的交往，这么多事物的观察，这么多改革的推动，这么多佛缘的分享。

“星云精神”

六十年来大师的贡献，呈现在三方面：改革了宗教、改变了社会、改善了人心。让我分别以“星云精神”、“星云价值”及“星云之心”稍做引伸。

“星云精神”就是不怕困难、不惧挫折，求新求变，曲直向前。

最好的实例就是与二〇〇五年畅销全球的英文著作《蓝海策略》(Blue Ocean Strategy)相比。此书的二位管理学者金伟灿与莫伯尼指出:任何组织不可能永远保持卓越,要打破这个宿命,就是要脱离“血腥竞争的红色海洋”,去追求一个完全崭新的想象空间;不再坚守一个固定的市场,要勇敢地另建舞台,另寻市场,另找活水,就能在新发现的蓝海中扬帆前进。否则,就会在一池死水中衰退,终至消失。

开创蓝海,要有四项策略:

一、“消除”哪些习以为常的因素?

二、“减少”哪些不必要的因素?

三、“提升”哪些需要的因素?

四、“创造”市场上尚未提供的因素?

第一条与第二条在节省成本,以扩大需要;第三条与第四条在创造“差异化”与“新价值”,以开拓市场。

会令《蓝海策略》作者惊讶的是:他们所倡导的蓝海理论,事实上早已有大师与他的弟子默默地在推动:

佛光山一直在努力开创人间佛教的“新市场”;

与其他宗教常相往来,使“竞争”变得不对立;

吸引新的信徒以及创造社会的新需求;

以新的事业与愿景,增加信徒的热情及社会的信赖;

不断提升内部人才的培育与外语能力,并且加强内部作业系统。

更以不同的说法语言及弘法方式来传播人间佛教。

这样的用心、做法、效果,更超越了蓝海策略。因此二〇〇五年满义法师所写的《星云模式的人间佛教》就是“星云精神”的推广,即是人间蓝海扩大的中文版;更正确地说,星云大师是人间蓝海的领航者，比之英文著作已经先启航了半个世纪。

更需要分辨的是：企业所追求的“蓝海”是企业利润、个人财富与产业版图；人间佛教所追求的“蓝海”是现世净土、人间美满、慈悲宽容。

就是这种蓝海策略的“星云精神”，改革了人间佛教。

“星云价值”

“星云价值”进一步“改变了社会”。大师的价值观，就是坚定不移地推动人人可以亲近的人间佛教：佛说的、人要的、净化的、善美的；凡是有助于幸福人生增进的教法，都是人间佛教。

同时又提倡：给人信心、给人欢喜、给人希望、给人方便。

面对社会的不安，又提倡：做好事、说好话、存好心。

人间佛教的推广，是透过直接与间接的方式、宗教与文教活动走进人群、走进生活、走进社会及走向国际。大师本人当然是最关键的人物，凡是接触过他的人无不被他的一言一行所感动。

大师又深知人生离不开金钱、爱情、名位、权力，因此又不断提倡正确的价值：“要过合理的经济生活、正义的政治生活、服务的社会生活、艺术的道德生活、尊重的伦理生活、净化的感情生活”。

他自己从不间断著述立论、兴学育才、讲经说法、推广实践、四处奔波，全年无休。“星云价值”就这样地融入众人的生活之中，年复一年地变成了社会向上的巨大力量。

“星云之心”

集“星云价值”与“星云精神”于一身的即是“星云之心”。大师以其一身言行，做到了：“舍才有得”；“我不会命令，只会慈悲”；以“出世的精神做入世的事业”；“给人利用，才有价值”。大师常说的十句片语，正表达了“星云之心”的十个元素：

你中有我，我中有你。（命运共同体）

以无为有，不据为己有。（无欲则刚）

大众第一，自己第二；信徒第一，自己第二。（老二哲学）

你对我错，你大我小，你有我无，你乐我苦。（包容、谦卑）

做难做之事，处难处之人。（接受挑战）

有情有义，皆大欢喜。（追求双赢）

我不懂管理，只懂人心。（以心带人）

跟别人结缘，只有真诚的心。（以心交友）

不看我的字，看我的心。（以心写字）

我有一点慈善心及一颗中国心。（以心为本）

这颗“星云之心”的全面光辉就是慈悲和智慧。因此大师所到之处，就激起了浪花，掀起了风潮，引发了热情，创造了改善人心的无限价值。

最后的问与答

一九四九年一位二十三岁的扬州和尚从大陆到台湾，没有亲人，不谙台语，孤苦无援，还被诬陷为“匪谍”入狱二十三天；但脑无杂念，心无二用，投下了六十年的心血，开创了无限的人间佛教世界。

这位法名“悟彻”的出家人，就是现在大家尊称的星云大师。

人间佛教、佛光山、佛陀纪念馆、星云大师都已变成了“台湾之光”。这是“台湾奇迹”的一部分，这是台湾“宁静革命”的另一章，这是中华民族百年来的宗教传奇。

在众人心中，总不免好奇地想问星云大师：

如何以其智慧，把深奥的佛理，变成人人可以亲近的道理？

如何以其毅力，再把这些道理，变成具体的示范？

又如何会有这样的才能，把庞大的组织管理得井然有序？

又如何会有这样的胸怀，在五十八岁交棒，完成世代交替，又如何再在海外开创一片更宽阔的佛教天空？

如何能著述及口述近二千余万言，并且译成英、日等二十余种语言？

如何能获得十三个以上海内外的荣誉博士及无数的奖项？

如何能在海内外办多所大学、社区大学、中华学校；又如何能创办《人间福报》、人间卫视、多所图书馆、美术馆、全球近三百所道场，以及刚落成的壮丽的佛陀纪念馆？

最后，又如何以其愿力、因缘、德行，总能“无中生有”，把人间佛教从一角、一地、一国而辐射到全球？

如果细读《百年佛缘》全集，大概就可以找到线索及答案。

面对所有这些建树、成就及荣誉，大师大概会淡淡地说：“所有这些都不是我的，一切都是大众的。”大师居然没有自己的书房与书桌，也没有自己的账户及存款。

大师会更坚定地说：“我来世还要做和尚，我做和尚做得不够好。”大师心中还有一个与时俱增的挂念：就是两岸的和平交流与两岸的和谐相处。

二〇一三年三月六日于台北

从一帧照片想起

中国艺术研究院秋雨书院院长
香港凤凰卫视首席文化顾问
余秋雨

余秋雨，一九四六年生，历任上海戏剧学院院长、教授，上海戏剧家协会副主席。在海内外出版过史论专著多部，曾被授予“国家级突出贡献专家”、“上海市十大高教精英”等荣誉称号。近年来在教学和学术研究之余，所著散文集《文化苦旅》获上海市文学艺术优秀成果奖、台湾《联合报》读书人最佳书奖、上海市出版一等奖，《山居笔记》获海外华文文学最高奖。现任中国艺术研究院秋雨书院院长、香港凤凰卫视首席文化顾问。

一

新春时节，获赠一箱子书，星云大师的《百年佛缘》。四函，十五册，可谓洋洋大观。同时收到慧宽法师的信函，说星云大师希望知道我读完这部书的感想。

要读完这么多书，需要花一些时日。我随手拿起一函，抽出一本翻阅，发现文句清顺流畅，如恂恂口语。看前言才知，原来是星云大师在八十五岁高龄时所做的一次系统口述。我耳边，又响起了他温厚的扬州口音。

刚翻几页就停下了，因为看到了书上的一帧照片。

照片上有十几个人，最中间的是星云大师。他的左边，站着辜振甫先生，而他的右边站着的那个人，有点眼熟。比他们两位年轻一点，个子也小一点，居然乐呵呵地闭着眼睛。照片下面注着的日期是一九九七年一月二十三日。

终于我想起来了，那个人就是我。那一天，是辜振甫先生的八十大寿。

辜振甫先生的寿宴，全家子女到齐，济济一堂，围坐成一个大圆桌。客人只有两人，那就是星云大师和我。寿宴设在佛光山台北道场，辜先生向全家介绍我们这两个客人后，郑重地说："过生日，就是纪念生命，因此每年这一天都吃素，不杀生。"

我一听，心想，真是慧言嘉行。

然后，辜先生向我们两人一一介绍在场的子女。"这个是赚钱的"，"这个是筹钱的"，"这个是数钱的"，"这个是存钱的"，"这个……”

“这个是花钱的!”这是他的女儿辜怀群自己在抢着说,全场都笑了。辜怀群我知道,是戏剧家,排戏、办剧场,当然是花钱的活儿。她随即以同行的口气对我说:“余先生,我一直在找你!”

我一笑:“还想花钱?”大家又乐了。

寿宴结束后,全体人员拍摄了那帧合影。辜振甫先生夫妇又邀着我,在外面的客厅里谈了一会儿话。他们很懂文学,也都读过我的书,因此一起说:“每次从报纸上知道你来,又找不到你。下次再来台湾,一定要告诉我们!”

我点头,顺口对辜先生说:“与您会谈的汪道涵先生,倒是我的书友。他凡是见到好书,都会多买一本,与我分享。”

辜先生说:“请代我向他问好!”

我转而对他夫人说:“尊祖父严复先生,是十九世纪到二十世纪最重要的启蒙思想家。真正的中国近代,由他开始。”

辜夫人笑着说:“谢谢!”

看我们谈得差不多了,星云大师就走了过来。星云大师比辜先生年轻十岁,但辜先生面对他,却像面对兄长。

二

那么,我怎么会被邀参加辜先生家宴的呢?

完全是因为星云大师。

星云大师从各种新闻媒体上看到,我在台湾太忙碌了。怕我累着,他请陆铿先生转告,让我从闹市区的福华饭店搬到佛光山台北道场来住,那儿清净,可以免去很多打扰。

这对我来说,是求之不得。倒不是为了逃避忙碌,而是为了再次向他靠近。

星云大师的大名，我早就知道，但首度当面拜识，却在寿宴前的五年，一九九二年。当时他邀请我到“世界佛教徒友谊会”暨“世界佛教青年友谊会”发表演讲。演讲是由星云大师亲自主持的，他是世界佛教徒友谊会的“永久荣誉会长”。那个演讲现场颇为壮观，世界各国的佛教徒按国别层层排开，以同样的经颂、同样的仪姿礼拜。我那天的演讲，题为《行脚深深》，讲述中国古代的一个个佛教旅行家的事迹。讲稿的摘要，后来收入台湾尔雅出版社的《余秋雨台湾演讲》中。

那次演讲的地方，在高雄佛光山总部，因此我是从台北松山机场飞过去的。陪我去的，便是陆铿先生。陆铿先生比星云大师还年长八岁，早已是古稀老人，但在接获星云大师指令后，居然变成了一个小伙子，一路上对我这个晚辈殷勤照拂，甚至一次次试图来搀扶我，帮我提包。当时我就想，在通向佛光山的路上，好像大家都没有了年龄。

那天到了高雄佛光山总部，星云大师一见我便说，昨天有一位年轻的比丘尼拿着我的书找到他，建议邀请我到山上来讲课。大师当时哈哈一笑，说：“你想到的，我早就想到。余先生明天就上山。”

为了证明这件巧事，星云大师随即吩咐身边两位年轻僧人把那位比丘尼找来。很快找来了，几个僧人不分尊幼地就在庙檐下谈起了我的散文，包括大师本人。

这情景让我吃惊了。我写的并不是宗教书籍，在这里居然可以谈得那么热烈。可以想象，他们对一本哲学著作、社会学著作、经济学著作，也会这样。这就是佛光山吗？精神体量之大，远远超出了我的预计。

星云大师领着我，走进一间山景满窗的敞亮办公室，向我介绍慈惠法师和其他法师。慈惠法师微笑着看了我一会儿，说：“我觉得《山居笔记》比《文化苦旅》更好。从这本书可以推测，你的写作目标不只是散文，更是整体文化研究。但是，散文让你的研究有声有色。”

我又吃惊了，说：“没想到在佛光山遇到了文化知音。”

那天，我与星云大师畅谈了整整一下午。他那时身体还很健硕，引着我走遍了佛光山的各个重要所在，还参观了他小而整洁的卧室，以及卧室外他每天运动的一个小球场。走走坐坐，坐坐走走，一路都在谈话。他在茫茫尘世间的经历，他在台湾和世界各地所做的事情，他在五大洲兴建一个个佛教道场的努力……这一切，都娓娓道来，声声入耳。

我侧身注视着他袈裟飘飘的高大身影，心想，这实在是一种人间奇迹：气吞山河却依然天真，成功连连却与世无争，立足经典又非常现代，面对仇怨只播撒爱心。

为什么说是奇迹呢？因为按照常例，大气魄、大成功总是离不开权谋、搏斗，老法师、老经典总是免不了孤寂遗世。星云大师和佛光山，完全打破了这种常例，处处实现了两全其美的圆满。因为不合常例，也就构成了奇迹。

我在五年以后住进佛光山台北道场，就是想进一步深入这种奇迹，进行文化思考。

三

在辜振甫先生寿宴前后，我在台北道场住了十天，每天都有幸与星云大师交谈很长时间。

这十天中，我思考的问题很大，主要有这样三个：

第一，当代社会，资讯密集、科学发达、沟通便捷、流转迅速，与各大宗教的形成期和发展期已经有了极大差别，那么，还有可能让大批年轻人接受神圣的感召，进入一种脱离家庭生活和社会功利的宗教团体之中吗？

第二，进入宗教团体的人（在佛教中也就是僧侣队伍），在今天还有可能以自己由衷的快乐、纯净、高尚，带动周边广大的信众吗？有可能为今天纷乱无比的社会增加健康的精神力量吗？

第三，这种在宗教旗帜下的健康精神力量，有可能给延伸到世界各地的大中华文化圈带来和解、友爱，减除彼此间长久的隔阂吗？

这几个问题，是当代人文科学中的宏观难题。星云大师都以自己的实践，作了精彩的回答。

而且，这种当代回答具有极大的历史开创性。因为千百年来的佛教大师，没有一个遇到过那么强大的现代冲撞，却也没有一个组建过像佛光山那样的盛大欢乐。

我把自己观察和思考的结果，先后发表在很多文章里。

在我的《中国文脉》一书中，有专文研究佛教的盛衰历史，其中有一段结论性的阐述：

> 我重新对佛教的前途产生喜悦的憧憬，是在台湾。星云大师所开创的佛光山几十年来致力于让佛教走向现实人间、走向世界各地的宏大事业，成果卓著，已经拥有数百万固定的信众。我曾多次在那里居住，看到大批具有现代国际教育背景的年轻僧侣，笑容澄澈无碍，善待一切生命，每天忙着利益众生、开导人心的大事小事，总是非常振奋。我想，佛教的历史重要性已被两千年时间充分证明，而它的现实重要性则要被当今的实践来证明，现在好了，这种证明竟然已经展现得那么辉煌。

我的这一论述，曾被大陆的权威佛教学刊和其他学术刊物一再转载。早在一九九七年那十天间，我就把这种感受告诉了星云大师。他谦虚地说："过奖，过奖！"

当我说到以佛教精神减除大中华文化圈长久隔阂的时候，他给我谈到了一九八九年与许家屯先生有关的事件。他讲述了事情的全部经过，又谈了自己超越政治对立的包容情怀。但是，这一事件，已经阻断他再度返回大陆的行程好几年。

从台北返回上海的飞机上，我一直想着如何由自己出面来疏通一下。星云大师在那个事件中本来也是想起疏通作用的，却被误解了。我既然听了他的叙述，也就承担了责任。但是，我自从辞职后彻底割断了与权力结构的关系，不再与官员接触，因此找不到疏通管道。我在飞机上想来想去，突然想到了一个人，觉得看到了一线光亮。

似有神助，我下飞机后刚进关，在机场过道的转弯处，恰恰见到了这个人，那就是我的忘年书友汪道涵先生。他像是在等一位接他的人，独自站在一个角落。由于做过上海市市长，很多人都认识，他便把脸转向过道外面，背对人群。我上前招呼，他转身一见我，高兴极了。

我立即告诉他，辜振甫先生向他问好。然后，我顿了顿，说想约他长谈一次，内容非常重要，有关星云大师。

"星云大师？"他略一迟疑，便扳着指头算日子，约我再过一个星期，到康平路一六五号找他。

到了那天，我把星云大师讲的话，几乎一句不漏地告诉了汪先生。汪先生非常耐心地听完，又反复追问了几个细节，然后用手轻拍着椅子的扶把，想了好一会儿。最后他对我说，由于事情复杂而又重大，我必须把刚才讲的内容写成一个完整的书面材料，交给他，由他负责递送。

书面材料我很快写好，送去了。过了几天，他又告诉我："材料已经转送，想必事态会缓和下来。但不要急，此事牵涉比较复杂，需要时间。"

四

在这之后，我离开了上海，离开了众声喧哗的热闹，全身心投入了对世界文明的进一步考察。其间还被香港凤凰卫视聘为特邀主持，贴地历险四万公里，遍访了埃及文明、希伯来文明、希腊文明、阿拉伯文明、波斯文明、印度文明的遗迹。在这过程中，更是虔诚地巡拜了佛教文化的圣迹，从尼泊尔释迦牟尼的出生地，一直到他山洞苦修、菩提悟道、初转法轮等等遗址，全部一一到达，并长久留连，细细询问，详尽记述。从四万公里返回后，我又应邀到世界各地演讲考察成果，特别是提醒人们注意正在发酵中的恐怖主义和经济危机。

那些年，我也曾遇到过比汪道涵先生更大的高官。一见面，他们总是谈我的书，而我则永远与他们谈星云大师的事。我说，哪片土地如果连星云大师也容不下了，那不是他的损失。

直到二〇〇二年春天，凤凰卫视告诉我，星云大师可以回大陆了，而且领衔到陕西法门寺恭迎佛指舍利到台湾。他会在三月三十一日护送舍利回来，凤凰卫视希望我到西安机场迎接，到时接受采访。

我历来不会在公共场合接受媒体采访，但这次由于星云大师，立即动身。

那天在西安机场，采访我的不仅仅是凤凰卫视，还有别的很多电视台。那些电视台一见到我，便一下子奔涌过来，全都把话筒塞在我嘴边。我觉得这是一个难得的好机会，就比较完整地讲述了佛教精神对于当代世界的意义，以及法门寺佛指舍利的行藏与中国历史兴衰的关系。很多电视台都播出了我的这段讲话，这也就让佛教话语罕见地在大陆传媒上成了主流话语。

后来，法门寺重建立碑，邀我书写碑文，我就把那天在西安机场讲话的内容概括进去了。大家可以从《秋雨碑书》的《法门寺碑》中看到：

> 佛指在此，指点苍茫。遥想当初，隐然潜藏，中土雄魂，如蒙寒霜。渺渺千年，再见天光，苍生惊悦，世运已畅。觉者顿悟，兴衰巨掌……

后来，我把自己书写的《法门寺碑》拓片，连同我为普陀山书写的《心经》碑刻拓片，一起送给了星云大师。

回想那天在西安机场见到星云大师时，他显得相当疲惫。连续三十七天大规模的迎送活动，每个环节都离不开他，他太劳累了。毕竟，他已经七十五岁高龄。

五

在这之后，我见到星云大师的机会还是很多。尽管，我仍然是一个严格拒绝传媒、拒绝集会、拒绝热闹、拒绝广泛交往的人。

去台湾时，曾在高希均、王力行等朋友的陪同下，与星云大师同台进行对话，同桌围炉过年。更多的是在大陆，只要是他的行迹，我常常会“不期而遇”。当然也有事先安排的，例如，我陪他去普陀山。

记得那天的普陀山，凡是他要走过的地方，都铺上了红地毯。两边全是僧人执礼恭迎，黄红两色连成长廊，蜿蜒盘旋。我是普陀山的“名誉岛民”，便以主人的身份扶着他，在长廊间缓步行进。

他与普陀山当时的总方丈戒忍法师见面时，方丈说：“大师，我在这儿帮您看山。”

星云大师回答道：“其实佛光山也算是普陀山的一脉。”

第二天一早，我又陪着他，到普陀山一个安静的高处，为太虚大师的遗迹奠基、栽树。他在那里，即兴发表了一个充满文学性的演讲。他平日的演讲，绝大多数是面对千万信众开示。但这天就不一样了，他在与太虚大师进行“隔代相晤”。一个在全世界弘扬了“人间佛教”的实践者，突然来到了“人间佛教”先驱者留下的精舍，有很多心里话需要倾诉。这种倾诉，情真意切，当然具有文学性，全被我“偷听”到了。

我与他最近一次见面，是偶遇，在山西大同。大同华严寺请大师开光，而我，正巧也在大同考察北魏文化的遗迹。于是，我们又有了愉快的夜谈。

据我长期研究，公元五世纪，北魏孝文帝拓跋宏以北方少数民族领袖的彪悍雄姿问鼎中原，既虚心学习汉文化，又大力接迎佛教文化。在接迎佛教文化的过程中，又顺理成章地引入了犍陀罗文化，以及犍陀罗身后的希腊文化、波斯文化、巴比伦文化。于是，以佛教文化和汉文化为中心，当时整个世界的优秀文化全都浩浩荡荡地集中了，互融了。由此产生的成果，就是伟大的唐代。

因此，我应邀为大同云冈石窟书写并镌刻了一方碑文，文曰：“中国由此迈向大唐”。人们看完了那些雄伟石雕，就能看到这方碑刻。

在大同圣洁的夜空下，与星云大师轻声交谈着千余年来的辉煌和岑寂，实在是一种醇厚无比的精神体验。

百年佛缘　自在人间

电视资深主播　沈春华

沈春华，一九五九年生，大学毕业后赴美国留学，就读南加州大学媒体管理硕士班，兼任台视新闻加州特派员。第一个主持的节目是与黑幼龙共同主持的《新武器大观》。曾担任台视儿童节目《快乐小天使》主持人，成为当时台湾小朋友口中的“沈姐姐”。一九九〇年接任《中视全球报导》主播。二〇〇一年主持儿童媒体素养教育节目《别小看我》。二〇〇七年，主持中天综合台《沈春华 Life Show》，此节目更让她在二〇〇八年获得第十三座金钟奖，个人事业再创高峰。

小龙年大年初一，心里记挂给星云大师打电话拜年，祝福他老人家新年吉祥、道体康健！没想到这一打，竟给自己打来了一个大功课。大师要我为他的口述历史——全书十五册、一百六十万字的巨著《百年佛缘》写篇文章。我这一惊非同小可，手上的电话差点掉了下来。

大师这部书记录了他一生弘法传道、建设佛光山、致力推广人间佛教的心路历程。这是台湾乃至世界佛教的百年发展史，亦是大师自己的生命历程，此一巨著诚如编著所言，时间纵深百年，空间广被全球五大洲，堪称是二十一世纪的一部奇书，如此重量级的旷世巨著，我修为浅薄，既非宗教中人，亦非文学名家，何能为此奇书写上只字片语呢？心中着实忐忑，口中显得迟疑，但大师开口，何能推辞？所谓恭敬不如从命呀！一件意外的重担就这样压到了自己的肩头。

一年复始、万象更新，就在这大地春回的时刻，大师嘱咐的功课给了我第一个启发——我究竟要为它烦恼？还是为它欢喜？大师慈悲为怀，定不是要我起无明烦恼心，我何不就欢喜面对，拿我笔，写我心？

万念存乎一心。再复杂的情事，回归本心，自然得以抽丝剥茧，脉络分明。

现代人生活步调快速、生存竞争激烈，日子就显得既忙碌又盲目，物质总不满足，精神更为苦闷，对于心灵抚慰的渴求是人人都有的。但对于宗教或许存在某种矛盾，一方面希望性灵提升、神明庇佑，另一方面对于教规和戒律又心存排斥，不想因此给自己太多束缚。说来有些难为情,也不知是源自我自幼对诸神的敬畏,还是自己懂得知福、惜福的道理,多年来,我每天都要在心中将所有我知道的神,从上帝到释迦牟尼佛到观世音菩萨,再到近几年已经在天上的爸爸妈妈,全部感谢一遍。感谢诸神和父母的照应和庇佑,也当作努力在人生道上奋进的自我鼓舞。我不得不承认这有点阿Q、有点儿自我安慰,也在某种层次上呼应现代人对信仰的简化甚至投机的态度。

星云大师的人间佛教,让佛教义理深入浅出,走进生活,为现代人提供了更为自在方便的法门。

星云大师二十三岁渡海来台后,就对佛教有了十分开创的思维和作为。大师说为了让佛教跟得上社会的进步,在思想上他无时无刻不在更新。确实,古今中外伟大的宗教家必然是个思想的领航者。超过一个甲子以来,星云大师在传统的佛教义理上做了更开阔积极的解释,在弘法传道的形式上,纳入更多元活泼的艺文元素,让已然压力很大的现代人不要因为畏惧,而要欣然的亲近佛法的真善美。

《百年佛缘》讲述记录的就是大师一生推广的人间佛教,让佛教人间化,佛法生活化的历程。

举几个大师对佛教义理的新解为例。一般人遭逢巨变,旁人总以“无常”试图劝慰。佛教提到世事无常,总教信众心生恐惧,日子过得战战兢兢,希望“无常”的厄运不要找上自己。但大师认为,无常不必是消极负面的,固然“花无百日好”,但“否极能泰来”。人生因为无常,所以我们既要珍惜当下,也要惕励未来!

另外,佛教徒过去也常把“人生是苦海”挂在嘴边,期盼“回头是岸”。我年少时听到这些话语就觉得,吃斋念佛的阿公阿嬷们好辛苦,他们的生活时刻都要戒慎恐惧,开心享乐好似成了罪过。但星云大师说弥勒佛也主张“皆大欢喜”呀！欢喜会转换成动力和愿力，所以佛教也应该强调喜悦的人生、喜悦的生活。这样的说法更能深入人心吧！

建立在同样正面积极的思维上，就不难想见大师阐释“四大皆空”正可以是“四大皆有”！“空”其实是建设“有”而来的，有了空，才得纳入“有”。所以星云大师说“四大皆空示现有，五蕴和合亦非真”，空即是有，有即是空。是“空”是“有”，需要慧眼和慧心，这其中禅机无限呀！

人间佛教的教义新解，最重要的就是和我们的生活结合，星云大师开示“举凡能为生活带来真善美的都是人间佛教”。

可不是吗？我们每天的生活，从一早起床的刷牙洗脸穿衣吃饭、处理公事、操持家务，再到读书考试、开创事业，其中包含多少个起心动念？一心念一菩提，从中我们可以成就圆满，也可以自毁功德。佛教的六度法门中讲求“持戒”、“忍辱”、“精进”等，看起来严厉而困难，其实法门藏在生活中，我们每天都面临数十回“做”与“不做”的抉择。

孩子们容易有惰性，做事常有未竟之功。我跟前跟后耳提面命，双方都筋疲力尽。儿女高呼要我给他们自由，我脱口而出：“有高度的自律才有高度的自由！”老妈我晓以大义——你们懂得负责任、自动自发，做完分内事，自然不必忍受妈妈不住的催促和唠叨，耳根子清净了，心中也没有担心挨骂的挂碍，不就真自由了吗？看到大师阐释六度法门中的“持戒”其实是自由而非束缚，顿时让我发出会心的微笑，生活中不论大小事确实处处有佛法。有佛法就有办法，说到底人间佛教是教人轻松自在、正面积极、欢喜度日呀！

在星云大师诸多首开风气的革新和创见中，我认为影响最重大的还包括大师身体力行的“平等心”。早年比丘尼在佛教界地位卑微，重要的工作和领导阶层很少落在女众身上。大师却早就认定平等是佛教的真理，而且至为肯定女众的慈悲奉献，是佛教真正的功臣。因而早在开创佛光山之际就倡导“两序平等”，让比丘尼可以在平等的基础上为弘法利生奉献心力。我在几次参与佛光山的活动中，就对许多位优秀认真、才学兼备的比丘尼留下深刻的印象。

我第一次参观佛陀纪念馆时，十分讶异为何十八罗汉有女相呢？至今才明白，这正是大师为突显教界两性平等，给比丘尼应有的重视和地位，特将十八罗汉纳入三尊女罗汉。

而为了让佛教走入人间，走入一般人的生活，将弘法传教结合音乐和艺术更是大师创新佛教的方向之一。早在一九五三年，大师在宜兰弘法时就成立了“佛教青年歌咏队”，希望接引更多青年学佛，当时还引发部分教界长老的反对和阻碍。音乐无国界，这个将宗教和音乐以及舞蹈结合的努力，让更多十方大众从中感受美和善的宗教力量。这之后的二十多年，结合音乐和舞蹈的佛光山梵呗赞颂团，在多位知名音乐家和艺术家的共襄盛举下，走出寺院殿堂，从国父纪念馆、“国家音乐厅”，一路表演到包括伦敦皇家剧院和纽约林肯中心等国际艺术殿堂。梵呗和佛音，就这样透过艺术的形式向全世界赞颂，洗涤人们的尘虑，也让不同族群的人们跨越国界和宗教的藩篱，得到心灵的共鸣。

阅读《百年佛缘》，常有一些心领神会的喜悦。担任主播工作时，常有年轻学生问我人生的座右铭是什么？我常会因对象年龄的不同而给予不同的回答，总归是一些励志而符合我想法的词句。其中，我其实很喜欢辛弃疾的词句“我见青山多妩媚，青山见我应如是”。这句话颇符合我对人生以及人与大自然之间的正向映照、圆融无碍的想法。但怕年轻人不懂得欣赏，我也就用的不多。后来看到大师写的偈语，不禁惊然，内心欣喜。大师写道：

我看花，花自缤纷；我见树，树自婆娑；
我览境，境自去来；我观心，心自如如。

善哉！妙哉！星云大师这首偈语，宽弘富禅意，深得我心，提供了吾人明心悟性的法门，每回吟诵，体会都不同啊！想到大师为佛教歌曲也写了不少歌词，并曾经用现有的民谣曲调唱之。我灵感乍现，就用大师提及的《菩提树》曲调来唱，竟然十分合适好听，读者也不妨一试。

星云大师热爱文学、勤于笔耕，不但著作等身，佛光山各类佛教书籍和相关刊物的出版蓬勃兴盛，更提供十方大众信仰修心的资粮。大师虽谦称自己从未自学校领过一张毕业证书，但令人赞佩的是，大师勤奋学习、饱览宗教和圣贤书，下笔文思泉涌，更能引经据典，不但文采优美，禅意处处，最重要的是自然流畅，信众读来好似大师在面前讲故事开示一般，如春风拂面和煦温馨。这样的成就，除了他的勤学精进，自然是来自大师对佛陀本心的悟彻和发心了。

而星云大师近年来名闻海内外的一笔字，更是文学和艺术的具体展现。尤其，现今因大师眼睛看不到字，只能凭感觉，一笔到底把字句写完，虽然困难，但大师用心写字，每句话语都简洁有力，撼动人心。这些大师和信众广结善缘的一笔字，就有如大师的分身，飞入寻常百姓家，为众生在人间点燃一盏盏的心灯。

我也有幸获赠大师一笔字，因缘殊胜。当“心如春华”四个大字出现在我眼前时，内心感动莫名。再熟悉也不过的春华二字好似凌空飞起，在我眼前婆娑曼舞，教人心花朵朵开。大师神来一笔，勉励无限，永铭在心。

有时候，我会想：一个人穷其一生能做多少事情？留下多少功名呢？但凡人总是有私心的，助人行善是理所当然，但完全的利益众生,几人能及?观诸星云大师在宗教、教育、文学、艺术上所奉献的心力,所完成的大业,如非一代奇人何以致之?大师说他一生有两个性格上的财富,一个是慈悲心,一个是勤劳。而我看《百年佛缘》则认为大师还有两个重要特质,让他得以成就这令人赞叹的《百年佛缘》,那就是惊人的记忆力和惊人的实践力!

《百年佛缘》这部星云大师的口述历史,如前所言,时间纵深百年,空间遍及全球,其间出现的人物不下百千位,地点不下百千处,故事不下百千个。大师惊人的记忆力让每一位人物、每一个故事、每一处风景都跃然纸上,犹如大师牵着读者的手,带信众走了一遍他的生命历程!

大师为何能记住这么多的人?这么多的事?就算大师写日记,就算侍者会帮忙记录每天的行谊,但许多内心的感受和思维何能依然清晰?我想星云大师能够如此细腻地讲述他与师长师友徒众乃至十方大德的互动,乃在于大师的有情有义呀!他舍不得忘记别人对他的好。于他,这都是值得记忆感念一辈子的事。也因为大师不敢或忘别人的点滴恩情,才能在一生施行人间佛法时涌泉以报,集成法水大海,让众生雨露均沾!

佛光山目前在全球有二百多个道场,除了位于高雄大树的总本山之外,气势恢宏,吸引海内外无数信众前来参拜的佛陀纪念馆也于二〇一一年正式落成启用;美国洛杉矶的西来寺、澳大利亚南天寺、非洲南华寺等分院都克服种种困难完成兴建。佛光山本山丛林学院分布出去的分院也多达十几所,四所社会大学,除了台湾的佛光大学、南华大学,更包括美国西来大学和澳大利亚的南天大学。值得一提的是,佛光山是第一个创办中华学校的佛教团体,在全球各地分院所设的学校共有八十多所以上,成为海外华侨和子弟学习中文,和外国友人交流中华文化的最佳处所。此外,在全球五大洲都有分会的国际佛光会，更在会员热情的护持下，朝气勃勃地在全球发光发热！

这些具体建设的人间净土，若非惊人的毅力和实践力，又如何能达成呢？

《百年佛缘》书中还收录了大师《我的人间性格》的二十四则小故事，饶富趣味，也反映了大师与天俱来，一以贯之的慈悲心。其中《玻璃丝袜》和《白雪溜冰团》最为经典，让我十分动容。一直到今天，即使在教界拥有如此崇隆的地位和影响力，平常心和谦和对待每个人是大师最让人折服之处。大师的弟子们在代序中为他写的小故事，篇篇真挚温馨。尤其大师从不让弟子必须慑于他的威仪和地位，尽量让大家有所发挥有所成就感，最让人津津乐道。所以绣了花的毛巾和番茄面或许不是大师最合用、最爱吃的，但弟子"以为如此"，大师也就一直笑纳；深夜回寮盥洗，不忘用毛巾先把水龙头包起来，只为了怕吵醒隔房已就寝的弟子；碰到个性鲁钝或言语直率的信众，大师皆微笑以对，不以为意……这样数十年如一日，对每个人都同样平等和尊重的胸怀，我想正是星云大师最不平凡的平凡心了！

行笔至此，我豁然开朗，星云大师要我为《百年佛缘》写篇文章，实则是给了我用功学习的机会。星云大师的佛法人生期许做一个给得起的人！"给人信心，给人欢喜、给人希望、给人方便"，这十六字箴言就是大师一生弘法利生的写照。我们读者在阅读《百年佛缘》时，也就得以一点一滴地增长了智慧，解除了疑惑，种植了福田，滋润了性灵，人生也就更加圆融自在了。这样百年难得的缘分，星云大师愿意给，你我岂能错过？岂能不欢喜迎接？

善者

凤凰卫视董事局主席　刘长乐

刘长乐，一九五一年生，上海人，毕业于北京广播学院。一九八三年进入中央人民广播电台，曾任记者、编辑、新闻评论员等，现任凤凰卫视董事局主席兼行政总裁及香港亚洲电视股东。二〇〇七年获得“年度中国十大传媒创新领军人物之特别贡献奖”，成为该年度唯一获此殊荣的传媒从业者。主要工作为出席活动、论坛或担任一些文化、两岸间交流的中间人。与大师合著《包容的智慧》、《修好这颗心》都成为最具影响力的畅销书。

一个僧人的心量能有多大?

一个僧人的步履到底能走多远?

也许我们可以从《百年佛缘》中找到答案。

《百年佛缘》是一部“从心所欲不逾矩”的口述历史。秉烛夜读,觉得大师说了一个真理:

天下之事,最要紧的,是一个“做”字。

愿与景之间的桥,也是一个“做”字。

星云大师说,自己天生五音不全,连梵呗唱诵都不及格,可是,“愚者也有一得”,好在生性勤奋,喜欢舞文弄墨,以写作成就了自己。不过,写作的饭也不好吃,他刚到台湾时,住在桃园县,前途茫茫,生活无着,只能写文章弘法。可是正当他埋首写作时,一位老太太走过他身旁,用台语跟他说:“法师,你要去做事,不工作会没有饭吃哦!”

大师当下惊觉到,写文章弘法,在寺院里并不被认为是正当的工作,甚至还被认为是偷懒呢。因此后来他给报章杂志投稿,只敢找个隐密的地方偷偷写作。虽然有时候,大师的文章和杂志的读者只有他自己一个人。

写作没有耽误,但老太太的话却被大师牢牢地记着了。

要做事,要工作,一刻不能停。

所以,当八十六岁高龄的星云大师回首往事时,特别强调了行动的重要。他说,每个人都有各自不同的人生路要走,必须靠自己“一步一脚印”,脚踏实地“走出去”,才能走出自己的前途。走路,山河大地才会美丽,人生唯有“走出去”,才会有发展,即使佛教的净土，也要一步一步地去走，才能到达。

佛陀住世时，每次出外讲经说法、行脚托钵，随行的一千二百五十名弟子，常在山丘、墓旁、树下、海边安住。不以为苦，反以为乐。

东晋的法显，横越“上无飞鸟，下无走兽”的流沙，一路上以“死人枯骨”为标志，经西域到天竺，成为中国西行求法的第一位大师级人物。

唐朝的玄奘，前往西天印度取经一十三载，几度险些命丧异域，翻译七十五部佛典，留《大唐西域记》传世千载。

唐朝的鉴真，“为大事也，何惜生命”，在长达十二年的时间里，历经六次渡海失败，仍然锲而不舍，终于成为日本佛教律宗开山祖师。

于是，星云大师认定，人间的伦理、人间的秩序，一切要从“自己”做起。

大师用文章行天下，做事情。一生写作、编纂、出版的中外文图书达九百多种，超过二千万言。文字的力量，思想的力量，是这个世界上最能打动人、影响人、带动人的力量。大师这些挥汗握冰写出来的文字，一笔一画，一字一句，丝丝缕缕，把思想的光芒传递给大众，如春雨般浸润了无数向善的人心，当“做好事，说好话，存好心”成为人们的行为准则时，大师文章天下的愿景成就了一番了不起的志业。

作为一个善者，大师做的另一件大事，就是两岸的沟通。

两岸真正的文化互动，民众间敌意的消除，也许是从一颗止咳的罗汉果开始。

一九八七年，在泰王六十岁寿辰庆典时，赵朴初老先生的夫人突然忍不住咳嗽起来。那时两岸关系敏感，禁止互相交往，但是大师的弟子慈惠法师却掏出了一颗止咳的罗汉果递给赵夫人。赵夫人一吃，立刻止咳。

当晚，赵朴老为表谢意，特别回赠他的大作以示感谢。畅谈之际，欣知彼此多有共识，听说世界佛教徒友谊会的两次大会，两岸都因名称问题弄得场面尴尬时，星云大师主动争取由西来寺承担这个任务。果然，当第十六届世界佛教徒友谊会在美国西来寺召开时，难题再现，大陆代表表示，台湾代表不能参加，否则就退席。为了两岸的和谐，星云大师不放弃，通过赵朴老和陆铿先生多方沟通，终于在开会钟声敲起的最后一分钟，大陆代表得到了国务院同意参加的意见，海峡两岸的团体终于第一次坐在同一个会议厅里。当大师宣布两岸的代表都出席了这次大会时，掌声雷动。

文化团体的互动是吹开政治雾霾的熏风。

两年后，应赵朴老的邀请，星云大师率五百名僧信二众赴大陆探亲弘法。

十五年后(二〇〇二年)，大陆方面以“星云牵头，联合迎请，共同供奉，绝对安全”十六字授权，达成恭请法门寺佛指真身舍利赴台供奉协议，佛指舍利在台供奉三十七天，凤凰卫视全程直播，数以亿计的华人目睹了这一个难忘的时刻，体会到了什么叫血浓于水，什么叫同根同种。

在两岸的交流中，我与大师结下了忘年之交。蒙大师厚爱，《百年佛缘》之中，有十余处地方提到和凤凰卫视的互动，称凤凰卫视是最具国际化的中文电视台。大师还专门拿出一节，写下我与他的交往，《包容的智慧》、《修好这颗心》这两本畅销书就是我们对话的成果。

今天，当越来越多的历史真相成为两岸共识的时候，当大陆与台湾不再怒目而视的时候，当我们像亲戚一样你来我往的时候，人们不能忘记一位默默地拉着纤绳吃力行走的老和尚。这个当年身无分文,只身赴台的青年,前望是故乡,后望是故乡,波涛滚滚,海天苍茫,也许有忧伤,也许有徬徨,但是他把中华文化当成是父亲的草原母亲的河,牵手两岸,承载包容,让爱的舟楫顺流而行。

是他,让我们明白了,文化的力量是山,是海,是历史之河,是生命的DNA,这力量,来自于人的意志,又不被人的意志所左右。

星云大师又是一个以忍为力,以善为力、低调处下的长者。

当他把自己的理想向世界播撒的时候,也会有不解、抵触或偏见。

一位美国教授曾对他说:"你来美国弘法可以,但是不能开口闭口都是中华文化,好像是故意为征服美国文化而来的。"星云大师当时就觉悟到:我们应该尊重别人的文化,我们来到这里只是为了奉献,如同佛教徒以香花供养诸佛菩萨一样。

包容、容忍、忍耐、处下,你才能有力量,才能放大心量,才能用别人的文化营养自己,而别人也才能接纳你的文化。

大师刚到美国传法的时候,连一个会场都租不起,先是在信徒家里,后来租了一个车库,车库里没有水喝,没有厕所,但是听法的人求法心切,不愿散去。怎么办?就租了一套房子,最后在美国的洛杉矶建成了西来寺,意思是"佛法西来",也许还表达了要像唐僧一样,一步一脚印地走求法之路,求学之路,尊重之路。这样,才有了遍及五大洲的二百多个道场。

大师说,为什么会有这么多信徒?不是我喊来的,是佛法的力量把他们吸引来的。因为佛法的宏大,我的事业才宏大。

大师的"做",还体现他以佛光的慈悲,对世界各地的救济。台湾"九二一"大地震、汶川特大地震、印尼大海啸、福岛核电站危机,星云大师都派员参与救灾赈灾。当大批救援物资在机场堆积如山，无法运抵灾区时，星云大师通过当地的佛光信众，建立了自己的管道，人背肩扛，经常是最先抵达现场的队伍之一。虽然是杯水车薪，但是会让灾区民众知道，活着就有希望，生存就是力量。经得起灾难的考验，才能实现理想，耐得住失败的挫折，才能成功立业。大师对我说过，他自己并没有钱，但是当他发愿要求助那些陷入困境的民众时，就会有钱有物，因为他有慈悲，慈悲是最大的财富。

慈悲如同大海，你给予的越多，得到的也越多。格局大，你的事业得到的助力也就越大。正如大师所说："我好像忽然看见万千的群众向我招手，我必须要弘法利生，我要为佛教开创新局。"

不停地去"做"，他做到了。

读书读事读人
如入三千大千世界

台湾政治大学教育学系教授　郑石岩

郑石岩，一九四五年生，台湾宜兰人，台湾政治大学教育学系教授。从小学佛，对禅宗、唯识有相当的研究。曾任台湾“教育部”训育委员会常委，主管台湾学校与辅导事务。一九九八年退出行政工作，专门从事大学教学、义工、演讲等。其夫人高秀真女士，现任台湾智慧财产法院院长。

百年佛缘一法会，十方菩萨现乾坤；
踊跃参赞皆法喜，不历僧只获法身。

二〇一三年的春节假期有九天，我捧着《百年佛缘》逍遥欢喜地读了起来，窗外就是青山，书房里十五册的巨著一字排开。我选择倒着顺序读，落入眼底的是“生活篇”，很快就陶浸其中，一册接着一册，简直不忍释手，欢喜地把十五巨册读完。我觉得自己好像回到了童年时，聆听星云大师说故事一样，专注神往其中。更觉得好像随着他行脚布化，看着他像观世音菩萨一样，三十二应十四种无畏，活泼地弘法，展现如来自在的精神，既羡慕又赞叹。时而同理书中踏遍全球，为弘法、教育、救济、世界和平而行旅；时而领会他谦柔慈悲和活泼创意的法化，带给大家无限的法喜。

起先我神往一个个的故事，想象着一景一事的殊胜。渐渐我觉得书中的人物和大师的风范，在脑海中构成生动的图案。这时我在读书，在读事，也在读人。我静静地读着它，心智境界渐渐的开启，从而乐在其中。领会到自己就好像《华严经》入法界品里的善财一样，来到了毗卢遮那庄严藏楼阁，走进不可思议的三千大千世界，“见大菩萨种种圆妙之行，生大欢喜踊跃无量”。

我读着《百年佛缘》，却无意中接触到入法界的殊胜，更令我赞叹星云大师的人间佛教妙谛。多年来我一直跟着师父学佛修持，就在读《百年佛缘》中有了开悟，有了心证和妙喜。我想着：师父现三千大千世界的慈悲喜舍，我们当然也要跟着开花结果。就像《妙法莲华经》中所说：“密云（法化）弥布，遍覆三千大千世界，一时等澍，其泽普治，卉木丛林及诸药草，小根小茎小枝小叶，中根中茎中枝中叶，大根大茎大枝大叶，诸树大小，随上中下各有所受。一云所雨，称其种性而得生长敷实。虽一地所生，一雨所润，而诸草木各有差别。”各自得到美好人生的开展，各自得到开悟和法喜，从而得度，入自在的如来法界。

我读到“行佛篇”时，有着更贴切的领悟。我与同修秀真分享心得，知道我们努力奉献，用慈悲喜舍为社会奉献所能，回向如来法界。尽一切心智，行最努力，要把事情做好，好做个人间菩萨。透过大师的人间佛教来修持，继而用经藏中的法要来做人做事，真有不可思议的殊胜。

欢喜交谈之中，窗外的青山更加妩媚，新春的景色总是云雾缭绕，偶尔阳光轻洒金光，更显春风柔和之美，把这山景投入《百年佛缘》的阅读，更是茅塞顿开。刹时我们似乎就在峨嵋普陀阅藏，似乎就在佛光山上领受人间的禅净妙法。心有所感地念起天台德韶的诗作：

通玄峰顶，不是人间；
心外无法，满目青山。

秀真却说，读星云大师的人间佛教，就像登了峰顶一样，所以我们一起吟咏着：

佛光山顶，法雨人间；
百年佛缘，绵延万千。

读书讨论到这里，真是会心无比。

春节的假期，我们夫妻才有清闲一起读《百年佛缘》这样的大书，每读到感动处，就会引经据典，拿来分享讨论一番。于是，就在感动之余，我捧出师父赐的墨宝，这是二〇一〇年他老人家给我的奖励。我们小心翼翼地从古朴的函套中取了出来，谨慎地展开它，用书压着四角，欣赏他的一笔字“行佛”。我们慎思地读着它，读着它。这两个雄浑似金刚的字，似乎包含了《百年佛缘》的全部精神。它渗透到我们的肺腑五脏之内，感受启发尤深。

从星云大师的生活社缘、创立道场、弘布佛法，乃至叙说僧信、迈向国际、推动慈善、教化等等，你会发现他的修持功夫深厚，他不是静态地说空说定，而是行动中实现真空妙有，有着“展开遍十方，入时观自在”的大智慧。你可以看到他面临困境的时候，还能展现《首楞严经》中所谓的菩提真心。在弘法利生上有如《妙法莲华经》中圆融的示教利喜和开示悟入。说法时如佛陀一般地深入生活实境。他的僧团管理和修持纪律清楚，与现代的管理新知都能相应。他真心教导现代人，秉持《正法念经》所说：“行者一心求道时，常当观察时节方便。”

我们的修持就在生活和工作中进行，我们的道场就在家庭、社会、国家和全人类的大环境里。人间佛教把觉悟带入生活，把信愿行会心于当下，让我们做一位觉有情的菩萨。在当下生活和工作中修持，不让信仰和生活疏离，这才是“不二门”。我们当然是要在现实生活中悟入菩提道，去做好事，说好话，存好心。读完《百年佛缘》，星云大师示教利喜的回忆录，我不只感动而且会心，不只会心而且从中契悟佛法的深义。

读《百年佛缘》，你可以从中学习待人接物的要领，可以启发通情达理的修养，更可以从大师的风范中学习巧智慧心的圆妙。你是个青年学子，可以从传记的眼光学会人生的光明面和奋斗努力的愿景。你是个企业界人士，可以从中看到管理与成长的心要。你是一般读者，可以看到正向心理和转识成智的幸福新知。你是个修行者，可以从中引发悟性，起大慈大悲，力行大菩萨的法化。

这是一套有启发性,能引人入胜,令人赞叹的好书。

《百年佛缘》也代表着人间佛教在新世纪中将会更活泼地开展。结合人类的科技、管理和新知,对人类心灵生活,做出更柔性有智慧的启发。人类未来心灵生活的困扰,将会是心理生活空间的狭隘、自我中心的执着和情染,以及强烈竞争下所造成的无奈和沮丧。所以忧郁、焦虑、敌意和冷漠将会是未来心灵生活的困境。这部《百年佛缘》及其所倡导的人间佛教,将会是解决这些难题的良方。

最后,我要谈谈星云大师的领导。一代大师是不世出的,我们从其行谊中,可以看到他的领导风格,向他学习领导的妙谛。谈到领导,知名的哈佛大学心理学家迦那(Howard Gardner)研究近代杰出的领导者,发现有效领导有六个常数:故事(令人信服的中心信念)、群众、组织、具体的实现、直接与间接领导、专业的能力。以这六个因素,从《百年佛缘》中找出资料来比对,发现这六个常数,都具足圆满,加上大师的踏实推动,愿力深厚,更能产生领导的力量。政府的首长和主管,企业界的人士,都可以在这套书中,咀嚼自己领导的智慧和实力。

读《百年佛缘》能令你发菩提心,实现法喜充满的人生;能让你了解佛法的真谛,实现有意义的生命。它像是三千大千世界,能开展人的眼界和悟性,从中得到大自在的智慧,找到心灵的真正归依处。

不平凡的人生

南华大学校长　林聪明

林聪明，一九四九年生，曾任云林科技大学校长、“考试院”典试委员、“教育部”政务次长等职。“行政院”劳委会评审获选为台湾第一届人力创新特殊贡献奖之当选人、被收入“Biography Today”之国际名人录、获选为“教育部”2003年度优秀公教人员、荷兰“Elservier Science Publishers”遴聘为“Engineering Cost and Production Economics”国际著名期刊之审查委员。现任嘉义南华大学校长。

《百年佛缘》是星云大师将他一生的经历、所接触到的人事物及努力过程，依生活、社缘、文教、僧信、道场、行佛予以归类，分别叙述，并将历年新春告白及著作、弘法等汇总整理，共计十五大册，公诸于世。拜读之后，对星云大师之一生耕耘、努力，让人更加赞仰与尊敬。

星云大师出生于扬州一个贫穷的农村家庭，从小没有见过学校、也没有进过学校念书，迄今连一张正式的小学毕业证书都没有，即使后来到了有书可以读的时候，但已经超过了年龄。后来在栖霞山剃度后，才有机会正式与书籍接触。如今他创建了佛光山的大系统，是现世宗教界的领袖，著作几百本，书写了上千万的文字，荣获海内外十三所知名大学荣誉博士学位，创办了美国西来大学、澳大利亚南天大学、台湾的佛光大学及南华大学，培育了数百位博硕士法师，影响层面扩及五大洲，其思想、理念，对于社会的影响非一般人能比拟。

站在教育工作者的立场上，如何引导学生努力向上，让他们能了解一位伟大成就者的奋斗历程，并师法其精神，相当重要。星云大师出身平凡，然而他的用心、努力，成就了辉煌的一生，可说是"以平凡之身，用不平凡之心，造就不平凡之业"，其学思历程值得我们借此套书册加以探究与学习。本人愿诚挚地将自己从书中浅显观察到的一些大师智慧点滴，略加叙述，提供给青年学子及读者参考。

第一，勤于日记与写作。对于所接触到的人、事、物、时间、地点都记录得非常清楚，所以大师对他接触过的人其背景都了如指掌，包括对方的出生、籍贯、毕业学校、专长及谈话内容，很少遗漏，令人赞叹！

写日记非常重要，但有这种习惯的人毕竟不多，透过日记，让人思索人、事、物以及事件的起始；一方面可以练习写作，二方面可以加强记忆。今天大师日理万机，很多事情了如指掌、充分记忆，与他勤于写作与日记有关。

第二，勤于阅读。大师知道读书对他的重要性，设法找机会念书，为了增加阅读机会，大师在栖霞律学院就曾自我推荐担任管理图书馆的工作，借由整理书籍，可以阅览群书，甚至于夜晚熄灯之后，躲在棉被里点着线香偷偷看书。因为透过阅读、滋养他一生的成长以及了解历代英雄好汉的奋斗过程，也激励他立志向上的决心。

第三，勇于突破怯场的障碍。在年轻时期，他上台讲经说法时也曾多次颤抖、不知所措，甚至忘了台词；经过再三努力、改进，以及事前充分准备，终于克服怯场的问题。最近几次陪同大师接待外宾及海外学者，发现大师总能侃侃而谈，对于别人的发问，即便是尖锐棘手的问题，都能圆满的回复，不但让对方心服口服，听闻者也叹为观止。读者可从大师的著作中窥究他今日成就的原因。

第四，持戒严谨，定慧任运。大师持戒甚严，对自己及对出家众均有相当的要求，佛光山已保送几百位的法师出去进修、并取得硕博士学位。据言，在众法师出去前，深怕法师在海外受到世俗污染而影响戒律，慎重告诫："在外如果袈裟穿不住，以后就不要回来山上了。"由"戒"得"定"，大师的定功，可以由一些小事窥探一二；如他视力不佳，却能写得一笔好字，此外佛陀纪念馆的兴建、大佛及任何佛像之摆设、调整均来自他的指挥；如果没有相当定力，是不可能达成的。由"定"生"慧"，大师的智慧，从他的很多的著作中，充满了滋润人心，发人深省的法语，可见一斑。此外，在很多次对大众的开示及解惑中，让人觉得大师以他的智慧将佛法融会贯通，应用在一般的人间世务、开导众生、利益有情，创建了所谓的人间佛教！就如同大师曾经回答高希均教授的一席话："佛说的、人要的、净化的、善美的，且为有助于幸福人生之增进的教法，都是人间佛教。"这是多么了不起的智慧！

第五，大发菩提心。佛光山为了度化众生，在海内外已开设了二百多个道场，分布全地球五大洲。另外，为了弘法也设立了人间卫视电视台及《人间福报》，让大师的理念透过科技传播于海内外。有感于佛教理念的推广，信众相互分享及提携的重要性，大师也在全球各地创立了一千多个读书会，并以佛法人间化、生活书香化、僧信平等化、寺院本土化作为推广人间佛教的愿景。大师曾提及，有人出家目的是为了解脱、了脱生死，他的出家目的是为弘法利生、普度众生。这种为利有情愿成佛之大菩提心愿，值得读者们承仰及效法。

《孟子·滕文公上》曾说："舜何人也，禹何人也，有为者亦若是。"伟人是人，我们也是人，他们能做到的，我们应该也能做到。大师早期阅读不少古代英雄伟人传记，加以学习，努力耕耘，克服困难。诸如前面所提，努力阅读、到处用心、突破障碍、律己持戒甚严、大发菩提心，才有今日之伟大成就。《百年佛缘》此书不同于一般的传记，不仅是大师个人生命历程的写照，更是佛陀教化的传承，此书的影响将是无远弗届，必将成为在现实社会提升大众心灵的宝典。

一道欢喜的法门
一群欢乐的僧侣

天下文化远见事业群发行人　王力行

王力行，一九四五年生，政大新闻系毕业。曾任《妇女》杂志主编、《中国时报》驻香港办事处主任、《天下》杂志副总编辑、《远见》杂志和天下文化出版公司发行人兼总编辑，现任天下远见文化事业群发行人兼总编辑。著有《爱与执著》、《闹中取静》等。

一九八八年初始，蒋经国先生开放大陆探亲。那是人道之举，让一九四九年追随他的父亲来台的一批军、公、教退休老人，得以返乡视亲探旧。

一九八九年三月，二十三岁从扬州渡海来台的青年和尚星云，自美国组成“国际佛教促进会弘法探亲团”，重返大陆探亲弘法一个月。四十年后，重见慈母，再拜祖庭，祭扫恩师。

这是一次不寻常的大陆行，星云大师曾记下“离别家乡岁月多，近来人事半消磨；唯有门前镜湖水，春风不改旧时波”的复杂心情。

大师归来后，《远见》杂志力邀他接受采访和参加我们“台湾心、中国情”公开演讲。当日坐落台北东区的Sogo百货顶楼，挤得水泄不通。这是我们和星云大师结缘之始，至今已二十五年。

二十五年来，大师的弘法利生成就，无人能比。《百年佛缘》一套书是为辛亥革命百年纪念而作。尽管二十多年来，时有机会拜会大师，参与佛光人海内外弘法、教育、艺文等活动。但读来，仍是字字惊叹，句句感佩。

记得二十五年前，《远见》记者符芝瑛在访谈后写道，星云为佛教界写下不少“台湾第一”。他创办第一所佛教学校，第一位用白话文写佛学书籍，第一个用广播电视弘扬佛法；台湾第一部佛教电影是根据他著的《释迦牟尼佛传》改编的。是星云大师，在台湾率先举办佛学讲座、佛教音乐会，率先接引大学生、儿童、妇女参加佛学夏令营，率先让社会人士体验“短期出家的僧侣生活”。

二十五年来，有许多机会请益星云大师，更了解他当年只身飘洋过海，到台湾筚路蓝缕，一手创建佛光志业；那么大的愿心，那么大的识度，那么大的波澜，只为了实践“佛教人间化、佛教生活化”的宏愿。有人问他：全球五大洲奔波，是为了什么？他说：“这奔波不是为了我自己，只要为需要的人，为佛教，我就去了。”

因为他的理念，一步步完成他的理想。目前佛光山的志业被公认为僧众最多、信众规模最大、国际化程度最高、法制化最完备、最强调教育和文化事业。

因为他的愿心，一步步完成“佛光普照三千界，法水长流五大洲”的善绩。

他的“人间佛教”，真是一个突破旧观念、旧思维、旧方法，跨越旧领域、旧道场、旧信众的伟大工程。

我不是佛教徒，但听说过有八万四千个法门可以进入佛法深奥殿堂。我后来知道星云大师一心要倡“人间佛教”就是深知：“让台湾的佛教从山林走向社会，从寺院走入家庭，从僧团普及到信众，从谈玄说妙进而能够落实在生活之中”。他的“人间佛教”是要用最生活化、最方便化、最欢喜化的方式，让一般大众都能接受，都能感受。

我看到佛光山的法师、师姑、信众们，无不欢喜，开开心心地做，辛辛苦苦地活，完成一件件不可能的任务。因为他们的师父，总是提醒他们要“给人信心、给人希望、给人欢喜、给人方便”。

星云大师早年受慈庄法师之父李决和之邀，到宜兰雷音寺弘法讲经。当时他就了解，要吸引年轻人入佛，佛教才有希望，因此自创歌咏队，街头弘法。但反对声浪很大，他就带着一批年轻学佛者和当局“斗智”、“躲迷藏”。也因为他为佛教身先士卒，毫不畏惧，这批原是任会计、幼儿老师的年轻小姐：慈惠、慈容、慈庄就成了第一批弟子。

大师重视培养青年佛学人才，早年甚至放弃自己留学日本的机会，让慈惠、慈庄、慈容到日本念书，学成归来，对往后佛光山的弘法利生、教育有极大贡献。

他更视所有出家弟子为家人，他们的家人也是自己的亲人，侍奉父母之心，不因出家而改变。也有家族三代和大师缘分很深的，例如佛光山“总管”慧传法师，二哥是慧龙法师，阿姨是第一代的慈庄法师，外祖父是接引大师到宜兰的慧和法师（李决和居士）。

许多法师都体认：“师父爱才惜才，所以佛光山人才众多，每个人都能发挥才华，而这些人散布全球。”

记得有一回到马来西亚拜访觉诚法师，她就提到：“师父告诉我，我们佛光山不要马来西亚信徒的供奉，我们需要佛学人才。”因此觉诚说，要持续完成师父的愿望，现已有一百多位马来西亚年轻华人，加入佛学院，后来成为法师。

几年前张作锦社长、高希均教授和我随同大师去参加宜兴大觉寺落成，觉培法师一路全陪。她原是旅居阿根廷的小留学生，学的是建筑，问她怎么加入佛光山成为法师。她说：“那一年，师父到欧洲弘法，我原本只去一两地，但满脑子的佛法问题问得师父说：那就跟着我走好了。跟着师父欧洲弘法一个多月，决定了我未来的路。”如今她是国际佛光会中华总会的秘书长，还曾代表星云大师参加博鳌会议。

不少弟子随着大师弘法全球，到了一个地方，师父就说：“你留下来吧！”

一九九一年，依来法师奉派到南非开创道场。初到时，一片广阔土地，她心生恐慌，忽然想起大师说：“只要慈悲，无处不可以去。”顿时觉得“师父与我同在”。多少年后，开创了南非的佛教。

其实不少法师在外开疆辟土，险境丛生，有的遭土匪抢劫，有的恶徒犯了案会躲进寺庙。觉诚法师在巴西十八年，她遇到不少惊悚事迹，一一化解，甚至暴徒最后反成了佛教徒。

佛光山全球道场二百多所，不仅成为当地华人的宗教中心，更是文化中心。前年过年，我正巧在美国洛杉矶，觉元法师建议我大年初二到西来寺，就近向当地华文媒体宣布“星云真善美新闻奖申请办法”，我欣然接受。当天女儿开车送我过去，她看到在山下就有警察协助指挥交通，大为讶异。进入寺内，热闹非凡，住持告诉我：“那些警察每年都来，是自己主动要来！”见到不少越南华裔扶老携幼来寺内参拜，佛光山道场真正提供华人一个心灵的依傍。这使我想起一九八六年初到西来寺，为了建寺，多少附近居民反对、抗议。当时一路奋战的慈庄法师，付出多少耐心和毅力？

在欧洲多年的满谦法师，一次返台北道场，我们同桌吃饭，她讲了不少趣事。每当游欧的台湾人临时找不到住宿，就会有人建议他们：“去找佛光山的人！”甚至连旅客遗失“护照”，佛光山道场都会帮他们解决问题。这些看做无法协助的难题，满谦法师说来轻松、满心欢喜。这就是佛光山的僧侣，让人感受到温暖无比。

结缘二十五年，我驽钝地做个“旁观者”，但对年少时即受太虚大师影响，要“打开心门，走入社会”，开启佛教教制、教育、教理改革的星云大师，用欢喜佛心牵引弟子、信众，进入“欢喜自在”的人生，无限感佩。

百年难见的世界性规模

知名作家　李　昂

李昂，本名施淑端，一九五二年生，台湾彰化鹿港人。十七岁创作《花季》发表于《中国时报》副刊，入选尔雅年度小说选《1968 年短篇小说选——十一个短篇》，此后以才女之姿进入文坛。文化大学哲学系毕业后，赴美俄勒冈大学攻读戏剧硕士。曾获时报文学奖报道文学首奖、《联合报》中篇小说首奖。著有《迷园》、《施明德前传》、《附身》等。

认识星云大师时，已经是大师建立好佛光山的典章制度、组织架构之后，大师退居幕后，佛光山在正轨上运作良好，大师作为精神领袖，继续弘扬佛法。

因而不曾看到大师雄才大略的规划执行能力。这套书补足了我这一向的缺憾，除了佛法，我还从书中看到了大师运筹帷幄的才华，如何在不长的时间内，从台湾这个小小的岛屿上，建立了世界性的佛教道场。

即便以晚近的时空来看，在佛教内，“佛光山”的规模恐怕还是堪称世界第一。

大师尤其令人称道的是，不曾像现在大陆有的一些寺庙，只为了要扩充，将寺庙作成为过度功利的营运单位。佛光山不只是大，还一直能保持佛门道场的庄严。

记得刚认识大师，我曾经请问：看大师做事情，虽然也经过挫折不顺利，但最后总是能成就大业，是不是如大师这样层级的高僧大德，福报仍然有所不同，而大师更是深具福报？

大师当时谦逊地回答：并非他个人的福报，而是众生的加持。

从这套书中，我体会到真的是天时地利人合，到了二十世纪，科技的发展，交通的便利，使得宗教上的推广不像过去得经过很长时间的累积，或者像有的宗教得借着武力。

而能够借着科技的播种，传布于过往尚难以想象的“全球”、“全世界”，台湾其时的经济起飞，大师多方面的才华，信众的齐心齐力，方能够成就佛门内这样大志大业。

我最近刚刚第三次从印度回来，加上先前几次到尼泊尔，以及东南亚国家包括越南、缅甸，还包括三次入藏，当然更不用讲到中国内地。由于亲自走访，更深刻的感觉到，大师的教诲学说，是在汉传佛教里开立了一个新的场面。佛教缘起的印度、尼泊尔，或者南传、藏传佛教，与汉传佛教有所不同。

也更能感受到大师从台湾走出去的无分别心。

大师近几年来在大陆试图重建寺庙、典章制度。寺庙还容易建立，人心的回复，更是巨大的工程。不免要向大师说：希望大师继续发挥影响力。

这套书中，我看到大师这个人，七次参访印度，找寻佛陀的遗迹与感应，之后更带领众多信众前往，那种执着的热情，让我看到佛教应该不是枯山枯水、隔绝于人世间，果真是人间的佛法。

这便要说到多年前，大师刚在日本的“本栖寺”设立道场，我有幸参加了一次活动，深刻地记得临别时，大师站在本栖寺门口，和我们道别。当时我不曾多想，冒冒然地就向大师伸出手，立即想到不该随便碰触出家人的告诫，一时手伸出去抽回来都不是。

大师一定看出我的窘境，伸出一双敦厚的大手，将我伸出去的手包覆其中，那种祥和的温暖，我还是生平第一次经历。

车子已开走，回首望着仍站在门口挥手高大英姿的大师，一袭黄色的衣袍在微风中微微飘浮，那样的意境，啊！回头是岸的岸边，原来在此，送别我们的，是人生中最珍贵的身教体悟。

一时竟情不自禁的热泪盈眶。

平常中的圆满，原来在细节小处中，尽是教诲。

读到书中所写，为了泰王来访，见面是握手，还是点头？最后大师合掌向他问安，却遭泰国的佛教界质疑，大师经过解释沟通，合掌于出家人，只是一般问好礼仪，化解了误会。

我方回想到本栖寺那一幕，大师的从容自在。

大师在众生平等的观念之下，提升比丘尼的地位，虽然不曾在一些南传佛教的地方造成全面性的改革，但不拘泥于食古不化的观念，“人间”佛法果真必然地要因时因地，深得我们这些所谓“前卫”女性的心。

我对于大师的海外志业尤其感到兴趣，如同我一再强调的，大师有前瞻性的眼光，对二十世纪人类新面临到的这么大的一个地球，全球化、世界性，都是过去的传道者不敢奢望的。

有这么大的空间供开展，大师更有执行的能力与福报，在全球各地有二百多个道场，这样的规模，至少到目前为止，佛教界单一的寺庙恐怕都还没有能够超过。

除了本栖寺外，我还特别远赴巴黎，走访佛光山巴黎道场。

本来十分心仪那个古堡道场，可惜我到的时候，已因为法国人对古迹的种种限制，不方便使用，不再属佛光山。只有从外观远远地看，到此一游凭吊一番。

当时新的道场尚在整地，只有巴黎郊外的道场仍在使用，我特别挑选了一次作法会期间，在道场里住了两个晚上。亲身参与感受到，因为众人的信念共同诵经，渲染得春天仍然寒冷的巴黎道场内温暖无比，灵感冲天。

尤其是隔天醒来，发现夜里居然罕见地下了一场小雪，白净的大地有如述说着上苍的回应。我忍不住写了篇极长的文章来记录这场法会种种。尤其是，来到道场的，台湾人反而没有想象中的多，当天参与的四百多人，大多是各地的华人，不少来自东南亚，也开始有中国大陆的人前来。

虽出自台湾，没有分别心、没有地域观念的弘法，我真是深深地被感动了。

本来还想继续探访佛光山其他的道场，留下记录，但是年岁渐长体力日而弱，只能走到哪里算哪里，端看缘分了。

深切地感受到，台湾，这样人们口中的蕞尔小岛，因缘际会里让大师在此作为汉传佛教复兴的基地，耕耘成就一片人间道场。在走过一些与佛教相关的地方，更感觉到能与大师在这个小岛中相会，当中的可贵，也感恩有这样的机会亲炙大师的风采与教诲。

我怀着感恩的心，心中感念。台湾，全世界的信众，还有小小的我，真是福报不浅！

我看《百年佛缘》

《国语日报》社董事长　林　良

林良，一九二四年生，笔名子敏，毕业于台湾师范大学国文系国语科。曾任《国语日报》主编，为中华儿童文学学会第一届理事长，现任《国语日报》董事长，也是著名的语文教育、儿童文学创作及散文写作工作者。著有《小太阳》、《和谐人生》、《小方舟》、《爸爸的十六封信》、《彩虹街》等书。

看到星云大师的《百年佛缘》，我就会想起英国大诗人弥尔顿（John Milton，1608—1674）。

在英国的文学史上，弥尔顿的地位仅次于写戏剧的莎士比亚。莎士比亚留给后世的是许多震撼人心的诗剧。弥尔顿留给后世的，是他的三大诗篇：《失乐园》、《回归乐园》、《大力士参逊》。

弥尔顿因为用功过度，在中年就双目失明，但是这三个重要的诗篇却是在他失明以后写成的。他既然已经双目失明，又怎么能够执笔写诗呢？他的方法就是依靠“口述”。想象他写作的时候是自己先念出想好了的诗句，再由他的一个女儿加以记录。他美好的诗篇，就是这样保存下来的。

我猜想他们父女写作的历程，一定很辛苦。弥尔顿必须先经过一番构思，想妥了一些诗句，然后逐行的念给女儿听。女儿根据她所听到的，一行一行加以记录，直到告一段落。事情并不到此为止，接下来还有郑重的修改。修改的时候，过程恰好相反。这一次是女儿先把所记录的念给弥尔顿听，弥尔顿再细心地加以推敲修改，直到满意为止。据说，光是《失乐园》这篇长诗，经过一再地修改，前后竟历时十年才完成。弥尔顿令人钦佩的，就在他这种超凡的毅力。他以口述的方式，克服了不能提笔写作的缺陷，完成了他的巨著。

星云大师这部《百年佛缘》，是分装为十五册的一部大书，粗估有一百多万字。大家一定没有想到，八十七岁的星云大师，写这部书的时候，视力只剩零点二三，看东西已经十分模糊。生平喜爱写作的星云大师，并不因此停笔。他跟弥尔顿一样，也采用了口述。为他担任笔录的,是佛光山书记室的弟子。

我猜想他写作的时候,历程跟弥尔顿也相差不多。他会想好了题目和内容,然后开始叙述。他采用的是我们日常生活里的语言,所以文字非常流畅自然,非常的口语化,也是很好的白话文。他所叙述的内容,必然会出现的一些事情,超越了年轻弟子的生活经验,以及一些年轻弟子从没听过的人名和词汇。在记录告一段落以后,弟子会一一提问,他也会一一解答。

此外,还会有一个修正的历程。弟子把初稿带回去整理以后,再另找一个时间念给大师听。大师听了,做了一些必要的修正,才算完成了一份定稿。这是我的猜想。我相信,这样的写作方式,虽说是口述,其实也并不简单。这样的写作,需要极大的耐心,极大的恒心,不是一般人做得到的。

星云大师虽然每天都很忙,但是勤奋的他很爱惜光阴,不让时间白白浪费。所以他常把一些零碎的时间拿来写作,哪怕只是半天,只是一两个小时。这就是他所以能在百忙中完成一部一百多万字大书的真正原因。

星云大师的这部大书,分装成十五册。分别是:“生活篇”两册、“社缘篇”两册、“文教篇”两册、“僧信篇”两册、“道场篇”两册、“行佛篇”两册、“新春告白”两册、“别册”一册。这样的分法,是把星云大师在这部大书里的一百五十八篇文章分成七大类,便于大家的检阅。

这一百五十八篇文章,内容非常丰富,几乎包括大师人生阅历的全部。他写他纯真的童年,写他出家的经过。他经历过贫穷和战乱,对于颠沛流离的生活有亲身的体验。他待人真诚,富包容心,跟时人有广泛的接触,不分阶级,不论贫富,都能保持美好的关系。因此,他的文章像一面镜子,为百年来的社会变迁,留下了一幅一幅生动的图画，就像一部具有临场感的历史书。

我从文学的观点来看大师所写的这部大书，认为它是一本富有吸引力的散文集。大师的文章非常口语化，像一个人优雅的谈吐；又能顾及文字的美感，很自然地维护了文学的尊严。豁达、包容、风趣，是他的散文风格。

我建议爱读这部大书的读书人，把它当成大师的一部散文集来欣赏，一定也会有很好的收获。

文字般若智慧花

“国家图书馆”馆长　曾淑贤

曾淑贤，一九五八年生。台湾大学图书资讯学研究所博士，美国教堂山北卡罗来纳大学图书馆暨资讯科学研究所进修，台湾大学图书馆学研究所硕士，私立辅仁大学图书馆学系学士。财团法人孙运璿学术基金会颁赠“对国家建设有重大贡献之杰出公务人员”。现任“国家图书馆”馆长兼汉学研究中心主任。

星云大师出生于扬州，十二岁即在南京出家。由于时局的纷乱、战乱的频仍，先是北伐，继之是八年抗战，跟着是国共内战。大师就在如此纷纷扰扰的时空背景中，随着难民潮四处逃亡、到处流浪、各地辗转，最后在一九四九年渡海而来，落脚台湾。在颠沛流离饱经忧患之际，多亏诸佛菩萨的加被，才让大师逢凶化吉、事事顺遂。似乎冥冥之中，有一股看不见的力量，在牵引着、支撑着、护持着，让大师从中华大地安然辗转到海隅台湾。在大师这些饱经沧桑的岁月当中，见证了百年来大时代小人物的悲欢离合，也见证了百年来国家与社会的荣辱兴衰，为大师的一生平添了许多感人肺腑的故事。大师近百年生命旅程中，与佛结下了不解之缘——信的是佛教，求的是佛法，行止坐卧也离不开诸佛菩萨，将书命名为《百年佛缘》，谁曰不宜？

这套书初版于二〇一二年九月，当时由“国史馆”发行，目前佛光山出版的为增订本，二〇一三年三月由佛光出版社出版。皇皇十五巨册，每册篇幅均在三百页以上，内容可谓丰富、卷帙可谓浩繁。第一卷至第十二卷为大师口述的生平及交游事迹，是《百年佛缘》的主体部分，包括“生活篇”、“社缘篇”、“文教篇”、“僧信篇”、“道场篇”、“行佛篇”等十二卷；第十三卷及第十四卷为大师一九六七年至二〇一三年的“新春告白”，收文四十七篇，记录前一年弘法的内容及对来年的期许，是大师生命中的芬芳留步，为人间佛教写下一页珍贵的历史纪录；第十五卷为“别册”，收录《师父其人——佛光山弟子口中的大师》、《星云大师弘法大事纪》以及《大师著作编纂一览表》等资料。

大师在书中从一九一一年辛亥革命谈起，一直谈到二〇一三年，为百年来历史做了真实而详实的见证。顾盼前人与来者，大师将一个世纪里与其有关的人与事的脉络及轨迹，深入浅出地呈现出来，生动且立体的凸显在读者的眼前。

本书不但细腻叙述了大师近百年的生命历程，也穿插了百年来中华民族的坎坷命运。同时，它还是一本不折不扣修身养性、励志为学绝佳的处世心法和心灵鸡汤。大师将行卧行止的涵养与省思，举手投足的从容与气度，皆化为至情至理的篇章，以启迪吾人的心灵，使吾人了然这个大千世界的缤纷相。在本书所展现的人物图卷中，上至达官贵人、政要显宦，下至贩夫走卒、市井小民，他们要不是大师的友人，就是大师的信众，再不然就是大师敬佩的人物，为佛教留下弥足珍贵的历史，为人间留下精彩感人的故事，具有很高的史料价值。总之，本书涉及的社会景象非常广阔，呈现的人物群相也缤纷多彩，既有为人处世的大道理，也有温馨感人的小故事。

大师在书中特别提到是“书”（指《玉琳国师》这本佛教小说）把佛光山建造起来，同时还让佛光山走出去。因此，大师对于阅读与读书会等事特别重视。大师深切体会到读书可以变化气质、认识自己、树立形象，借由读书可以增进知识、增广见闻、扩大视野，使大家明白做人做事的道理。只要我们开始接触书本，读书的种子、知识的根苗，就已然埋在我们的心田里。因缘际会，时机成熟，就会萌芽、成长、茁壮，最后以至“开般若花，结智慧果”。

二〇〇二年，大师在澳大利亚成立“人间佛教读书会”。之后，读书会有如雨后春笋般在各地成立，十余年下来，世界各地成立了一千多个读书会。真正让阅读的触角从家庭到学校，从寺庙到监狱，从都市到乡村，从台湾到世界。为了让读书会一直持续下去，必须对读书场所、阅读媒体等事下工夫，以避免读书会流于形式化。在这方面，大师清楚指出读书场所应不囿于教室，即使山林、水边、大自然等，皆无不可；阅读媒体也不应限于图书，即使电影欣赏、音乐歌唱、专题演讲等，也是很好的阅赏素材。总之，对僧众和信众而言，要做到“佛法人间化，生活书香化”，要达成“国家因书而富，社会因书而贵，家庭因读书而和乐，个人因读书而有礼”，让一生都有书香相伴相随。大师提倡阅读，实获我心，而让本人心有戚戚焉。近年来，本人和“国图”对推动阅读活动和加强阅读风气，可谓深耕易耨、不遗余力。大师所倡导的读书不仅给我们很多的启示，同时以活泼的态度和方法来办理读书会，更值得我们借鉴和学习。

元耶律楚材诗云：“从征万里走风沙，南北东西总是家。”对家乡的态度，大师却更在“总是家”的无奈情绪上更推进一层，臻至“处处无家处处家”的超脱高度。包括扬州、南京、宜兰、台北、嘉义、高雄等地在内，乃至整个娑婆世界，都是大师弘法的道场，也都成了大师心中的家乡。因此，大师足履遍世界，却能随遇而安，陶铸成“在一家保一家，在一国保一国”的个性，显示民胞物与的襟怀。大师谦虚地认为在无穷无尽的时空里，自己只是大海里的一沤，期盼在生命的长河里，留下些许波澜。其实，大师留下的何止是只有些许贡献，而是留下了更多的事业、哲思与智慧。权且举一些具体的成就，即可见大师事业的一斑。在全球各地，大师创建了二百多间寺院，更创办了多所大学、中学、小学以及电视台、报纸，还编著发行了《佛光大辞典》、《佛光大藏经》、《佛光菜根谭》、《星云日记》、《人间佛教系列》丛书等，当然不能忘了，还有佛光山的创立与经营。总之，大师一生开创的利生事业，从方外到尘世，从本地到寰宇，遍及五大洲，包举海内外，类型之富，数量之巨，可谓不一而足不胜枚举。

在佛教修证上，有所谓“四无相”的说法，即无我相、无人相、无众生相、无寿者相。在这个关节处，大师却反其道而行，教导出家人要秉持“目中有人，心中有众生”的心愿。其实，这就是大师所提倡“人间佛教”的精神和精义之所在。在大师看来，唯其“目中有人，心中有众生”，方能施福予人，解人倒悬，普度众生，斯则才是出家人度化众生的宏愿。出家人如囿于“四无相”的表面的字义，而不能透视其精义，将视线只停在近处，只注重个体的修证，从自我要求到自我约束，从洁身自好到独善其身，对于受苦受难的众生却反而视若无睹，那并非是出家人的完善境界。“一花独放不是春，百花齐放春满园”，出家人必须走入人群，走向社会，施福予人，教化庶众，让芸芸众生离苦得乐，最后并证得大智慧。这才是出家人修证必由的道路，也是大师提倡人间佛教必臻的境界。

“目中有人，心中有众生”是面对众生的救度。与其相反，大师反求诸己的个性与修为——淡泊宁静，则让我们看到大师的另一面相，也让我们体认到大师为人处世的风范。本书所涉及的内容主题，可说是社会的众生相，呈现的是人物画廊。当故事中百千人物的遭遇如湍流般直袭而来，其中有欢笑有悲愁，有怀念有遗憾，有惊奇有失落，不经意处就身陷世情之洪流而难以自拔。然而，当我们转身看大师，大师心湖却早已云淡风轻，步履也行之远矣！原来“菩萨于法，应无所住”，外在的万缘，皆如浮云流水，于心不住不碍，大师一生，行佛行法，法尔如是。大师这种修养，恰好印证了明洪应明《菜根谭》所说的“风来疏竹，风过而竹不留声；雁渡寒潭，雁去而潭不留影。故君子事来而心始现，事去而心随空”的精神。大师这种“风来疏竹，雁渡寒潭”的心境，“不着色象，不留声影”的情怀，“不沾不染不执着”的境界，是教导现代人的心灵课程，也是对治现代人心灵的一帖有效清凉剂，值得我们好好省思和学习。

当我们用心阅读本书时，从字里行间就会不经意浮雕出大师处世的风采。在大师看来，一切财富都是身外之物，它只是助人行善的资粮，而不是享受的资源。其实，一切财富皆来自社会，最后也必须再回归到社会，所谓“取之社会，用之社会”是也。当我们紧握双拳，我们将一无所有；如果松开它，我们将拥有一切。财富既然是身外之物，因此大师从不积蓄，从不拥有，更从不享受，他对钱财物质的看法，已升至“不沾不染不执着”的境界。但在生活上抑或在心灵上，大师却是最富有的人，那是因为大师不断地行善布施、弘法教化。或许，大家眼里所谓的“富有”只是世俗的看法罢了，对大师而言，世上无如所谓“财富”，那么自然也就更无所谓“富有”了。

佛教教理殊为精深，即使高僧大德也未必通晓，遑论一般僧侣大众。但大师就是善于将抽象佛理化作智慧花树，以浅显易懂的方式加以诠释，使僧众很快地识其门径，登其堂而入其室，而窥其堂奥。例如大师就近取譬、以事为例，用“佛如光、法如水、僧如田”来譬解“佛、法、僧”的内涵，不仅深入浅出、明白易懂，而且旨近意远、深中肯綮。在日常生活经验里，我们都曾浸润在阳光里，使用过自来水，立足于大地上，以此形象，自然就容易理解“佛、法、僧”的涵义，隐然感觉到“佛、法、僧”的存在：

> 佛如光，光可光明普照、驱除黑暗、温暖大地、成熟万物；
> 法如水，水可滋润慧命、洗清罪业、滋养万物、解人饥渴；
> 僧如田，田可种植耕作，建屋安居，又如老师，授人智慧。

大师在书中就以如此浅近易明的事例来开示世人、度化众生，使人茅塞顿开、恍然大悟、豁然贯通，最后把握住佛教精神的精髓。这里从一个侧面揭示大师所提倡“人间佛教”的另一面相。其实“佛、法、僧”三宝是我们心中所本有，从日常生活中即垂手可得，勿需遑遑以外求。原来，佛法离我们不远，佛法离我们很近。

大师曾说：“文学为佛法之翼，佛法为文学之核。”优美的文学作品比精深的佛法智慧更能打动人心，它有如潺潺之清溪流过人心，洗净了污垢却不着痕迹。因此，在弘法之际，大师就以文学为养分，以佛法为根苗，怀抱文学人的悲悯情怀，开显佛陀的权实之教，不论讲经说法、书写论述、言谈开示，处处散发着文学善美的馨香，时时绽放着诗意芬芳的神韵。大师早年曾编过杂志，也主编过副刊。大师在文体方面的修养，可谓“左右开弓”——以左手写散文，以右手写诗，至于小说、剧本，也能信手拈来，皆成佳作，例如佛教小说《玉琳国师》，多次再版，长销不衰，充分展现大师的文学才华。本书就选录了多首新诗、诗联、佛偈，但主要仍以散文为主。本书内容以人物为经，以事件为纬，采口述方式从真人真事着手，从浅处近处道来，文字浅显明白，叙述幽默风趣，文体亲切自然，道理发人深省，切实做到“写古今人物栩栩如生，叙事件现场历历在目”的要求。读后使人心神舒畅，得益匪浅，所谓“汲取一滴就有一滴的温润，舀取一瓢就有一瓢的甘美”。总之，大师的文字可谓优美入胜，言近而旨远，精彩文句宛若珠玑，闪耀着熠熠的星辉，品读大师的作品，直有“如沐春风，心开意解”的感觉。

或许受大师诗文采的感染，笔者品赏《百年佛缘》之际，感触良深，姑且将心中的一些感触写成一首小诗，权当作祝福的心意吧！

感谢大师这么温馨的书写

为我们展现了　他自己
百年的生命轨迹
早年烽火的岁月
伴随着　沧桑的土地
颠沛的人生
还有流离的故园情
到后来　台湾的胼手胝足
落脚宜兰时的凤雏初啼
经营佛光山的世纪惊艳
交织成　大师那个年代
小我与大我
个人与社会的命运

佛家的悲智情怀
中国人的坚卓韧性
还有　台湾的打拼精神
在大师的身上
携手成美丽的璧合
透过大师提倡的人间佛教
从佛寺到尘世　从乡野到都市
从斯土到海外　从台湾到世界
把佛教信仰推向了人间
把佛光山精神拓展到寰宇
演绎成一场佛教的宁静革命

现在　当我们翻阅《百年佛缘》

宛如打开一件宝物匣
里面收藏的　不仅是
大师平生的行谊与交游
社会百态和人物图卷
还有　字里行间俯拾即是的
智慧、温润与感动

平时阅读大师的作品，常感动于他那闪现睿智的哲思、亲切的叙述、隽永的字句，还有他教化的宏愿。现在再细品《百年佛缘》，更景仰于大师为人处世的风采，所谓"高山仰止，景行行止"是也。我们深以为，只有拥有像大师这样的情怀、才学与修养，才能孕育出这般亲切、自然而温馨的书写。在此，本人虔诚希望这篇《读后感》能化作心香一瓣，以表达我们对大师的心仪与钦佩。

《百年佛缘》读星云大师

清史专家　阎崇年

阎崇年，一九三四年生，山东蓬莱人。现为北京社会科学院满学研究所研究员及北京满学会会长。自二〇〇四年起在中央电视台《百家讲坛》主讲“清十二帝疑案”、“明亡清兴六十年”，北京市人民政府授予有突出贡献专家称号，先后发表满学、清史论文二百五十余篇。著有《康熙大帝》、《大故宫》等书，并与大师合著《合掌录》。

欣喜拜读觉培法师寄来星云大师的《百年佛缘》，全书十五册，分为“生活篇”（两册）、“社缘篇”（两册）、“文教篇”（两册）、“僧信篇”（两册）、“道场篇”（两册）、“行佛篇”（两册）、“新春告白”（两册）和“别册”（一册），总计五千一百八十七页，二百三十二万三千七百七十六字（以每页十四行、每行三十二字的电脑统计），浩浩洋洋，博大精深。

星云大师的《百年佛缘》丛书，系统地、分类地、全面地记述了星云大师近九十年来的思想、言论和行迹，感人肺腑，震撼人心。这使我回忆起我的佛缘。

我的祖母信佛，每月初一和十五吃斋。有时自己坐在炕上默默念祷。她一生的中心信条是“善”——敬善，心善，行善，积善。所以我们家的堂号是“敬善堂”。我上小学时是日伪时代，日军扫荡，日机轰炸，四处躲藏，不得安宁。尔后，三年内战，土地改革，扫地出门，也不安宁。稍大一些，上中学后，讲无神论，铺天盖地，但祖母给予的善心仍蕴藏在我的心底。“文革”期间“打砸抢”的恶行，自然在心灵上格格不入。我虽然对佛学毫无研究，但因为我是学历史的，于佛教历史和佛家人物，稍有留心，略知一二。

我与星云大师结下佛缘是在二〇〇八年。这一年初春，星云大师派满耕法师到寒舍，送来星云大师签名的《云水三千》，并转达大师邀请我到台湾访问和讲学的盛意。不久，四月三十日，星云大师到京，在人民大会堂拜会全国政协主席贾庆林后，约我到国家大剧院见面。这是我第一次见到星云大师。星云大师邀我到台湾佛光大学做客座教授。不久，我到了佛光大学。适逢在佛光大学体育馆举行“国际功德主大会”，我再次会见星云大师，并有幸聆听了星云大师的开示。这里有一件事，使我印象深刻。慈容法师在这次会上传达了一个资讯：星云大师在南京机场，刚要登机，飞机驾驶员跪在星云大师面前迎接，表示对大师的景仰与崇拜。

佛大讲学期间，我到了佛光山。在佛光山丛林学院前突兀的巨石上，我看到镌刻着星云大师首创题书的院训，四个大字是：悲、智、愿、行，言简意赅，字字珠玑。这是星云大师禅理与禅行的真实概括。我拜读大师的著述，了解大师的行迹，认为星云大师是一位大慈悲、大智慧、大心愿和大践行的大和尚。

星云大师是一位大慈大悲者。佛家讲慈悲，儒家讲仁爱，耶（稣）家讲博爱，共同之点，就是善，就是爱。大师大爱，惠及我家。我到佛光大学的第二天，得到家里的电话，孩子在美国生病。陪我吃饭的法师从我接电话的神色，察知我碰上危难之事。很快星云大师派在美国纽约道场住持永固法师前往医院看望，并在道场祈愿。随后我到过台湾的很多道场，都在为我的孩子祈愿。星云大师的大慈大德，令人敬仰！后孩子痊愈，我带他到宜兴大觉寺，向星云大师合十敬谢！

星云大师既是大慈悲者，更是大爱国者。我参访佛光山，住朝山会馆。一天，星云大师在传灯楼见我。星云大师说：我平常不看电视，一次偶然打开电视，看到你在中央电视台“百家讲坛”讲袁崇焕。你讲袁崇焕的爱国精神感动了我这个八十多岁的老和尚。你讲的袁崇焕，很感动人，事理圆融——没有道理，光有故事，不深刻；光有道理，没有故事，不好听。有故事，有道理，事理圆融，深刻好听。我从走上百家讲坛到现在已经十年，电台、电视、报纸、杂志、口碑、信函等各种形式的评论，唯星云大师的“事理圆融”四个字，全面、晓明、深刻、精粹。后来，在扬州讲坛，在其他各处——从高雄、台南、台中、台北、基隆、淡水，一直讲到三重，我演讲的一个中心点，就是星云大师的“爱国”二字，弘扬中华先贤的爱国精神。为宣扬爱国精神，星云大师提出，我在百家讲坛讲的《康熙大帝》，在台湾人间卫视上播出。本来《康熙大帝》光碟是有偿转让的，中央电视台和国台办尊重星云大师的建议，特批免费赠送，得以在台湾同广大观众见面。后来星云大师几次要我讲中国的“士”，我说不好讲，大师说讲他们的爱国精神。我要按着大师的开示，完成这份未完的作业。

星云大师是一位大智大慧者。佛光山丛林学院“院训”的悲、智、愿、行，将“智”列在第二位，而儒家讲“仁、义、礼、智、信”，却将“智”列在第四位。我问为什么？慈惠法师在旁替星云大师诠释说：佛家认为智慧重要，人的很多错误，有的不是没有慈悲心，而是缺乏智慧。“佛”，为梵语音译的略称，汉语译意是“觉者”，含有智慧之意。星云大师是一位大智大慧者。他的著述不仅是等身，而且是超身。星云大师的著述超过百种，字数则以千万计。我在佛光大学和南华大学期间，粗学《佛光教科书》（十二册），从中获益，可谓匪浅。在佛光山期间，把星云大师跟我谈话的录音，共同整理成《合掌录》，作为星云大师智慧的雪泥鸿爪，在北京九州出版社出版。二〇一一年一月，我应台湾联合报系邀请，在台北原国民党总部大厦礼堂做清史演讲。星云大师得知后，先邀请我到台北市松山道场共进晚餐，又主动提出和我同台对话演讲。三十日，在我们的对话中，星云大师的慈悲和睿智，博得听众阵阵掌声。

星云大师是一位大心大愿者。一个人要有志向，儒家叫立志，佛家叫发愿，都是要有高远博大的心愿。项羽有观秦始皇游会稽、渡浙江发出“彼可取而代之”的狂愿，刘邦有斩白蛇起兵的雄心，司马迁有“究天人之际，通古今之变，成一家之言”的宏愿，张横渠则有“为天地立心，为生民立命，为往圣继绝学，为万世开太平”的胸怀，而星云大师一生的心愿是："我要把一个和尚做好！"这是既平实又博大的心愿。星云大师把"一个和尚"做到了台湾，做到了大陆，做到了亚洲，做到了世界，一句话——做和尚做到了极致。

星云大师是一位大践大行者。人，不仅贵知，而且贵行。星云大师的弘法脚步，在台湾，在大陆，在亚洲，在世界，一雨伞，一瓦钵，提倡、弘扬、发展、践行人间佛教。我在同星云大师由高雄到台中的路上，星云大师谦虚地让我给他讲清史，他却给我做导游，讲说他当年夹着雨伞，穿着草鞋，走遍海岛的村庄市镇，为民造福解忧的行迹和故事。在佛光山，我亲莅一次万人水陆法会，连续七天，没有警察，没有保安，万人如一，秩序井然。散场时，我看着表，三十分钟，清场完毕。整个场地，没有一张废弃纸片，没有一个矿泉水瓶，洁净如洗，令人观止。我参加过多次大型集会，如此之整肃，如此之自觉，震撼我的心灵！这是星云大师不仅重佛理，而且重禅行的一个范本。星云大师泛爱众生——一切都爱得博大情怀，受到世人和来人的尊敬和颂扬。

星云大师的爱，可谓大爱无疆。苍天之下，后土之上，四海之内，众生万物，所有星云大师的信众，都沐浴着他的慈悲和大爱。星云大师自己说，他是一位"无产者"——一无家室，二无不动产，三无银行卡，四无锁钥，顶天立地，孑然一身。星云大师以无为有、以空为色，以有为无、以色为空，创建二百多座道场，创办西来、佛光、南华、南天等多所大学，以及中学、小学和幼稚园，还有电台、电视台、报纸、杂志、医院和图书馆等，有一千余比丘和比丘尼，以及国际佛光会海内外数以百万计的信众。星云大师一天工作四个单元，一周工作七天，一年工作三百六十五天，人生三百年，心身为众生。

星云大师是我敬仰的一位大慈大悲、大智大慧、大心大愿、大践大行的好和尚、大和尚。

跟随星云大师的脚步，走向百年佛缘

洪建全教育文化基金会董事长　简静惠

简静惠，一九四一年生，台湾大学历史系毕业，美国罗耀拉大学教育研究所硕士。现任洪建全教育文化基金会董事长、台湾 PHP 素直友会总会长、爱比科技公司董事长、台湾松下电器股份有限公司董事。曾任“国家文化艺术基金会”执行长。著有《宽勉人生：国际牌阿嬷给我的十堂课》、《善念的种籽》、《撒一把素直的种子》。

二〇一二年年尾岁末，我与一群佛光人走在法国的塞纳河畔，一边赞叹巴黎古城的文化内蕴，一边感怀时光飞逝，逢年关交集，美景当前人生际遇的难得，把握须即时……看着塞纳河的河水川流不息，大家的诗兴大起，一起来吟首诗吧！

从右岸走到左岸，一人一句，诗就这么写出来了：

塞纳河畔雨纷纷
旧地重游思亲人
情深深　雨濛濛
前人足迹伴我游
冰冷空气甜点暖心头
只要有甜点
再苦的悲伤都有得解……

好个“解”字了得！诗写得不怎么样，但我们这群受过读书会熏陶洗礼的佛光人，坐在左岸的咖啡馆，就用这首诗当讨论的材料，当下就开起读书会了。

这首不怎么精彩的诗，在大家的发言讨论后，把我们内心的思维情感都勾出来，不仅是亲情往事的回忆，有伤痛也有欢喜，有辛苦的付出也有甜蜜的回报……许多人间的温暖，就当是“甜点”暖心头……把“甜点”的意义延伸为人间的光亮与每个人“美善的期许”，在岁末年节里，祈愿自己的生命里常常有“甜点”，也能做为别人的“甜点”。

哦！原来诗可以这么写，也可以这么读，这么讨论，这就是读书会的运用呀!

星云大师在台湾以及全球推动人间佛教——只要是佛说的、人要的、净化的、善美的,有助于增进幸福人生的教法,都是人间佛教。大师弘法利生一甲子,为佛教“但开风气不为师”,为佛教“色身交给常住,性命付予龙天”,为佛教“发心走出去”,努力带动佛教徒走向人间,走向社会。大师的创意与勇气鼓动了许多人内在的情感,真实的流露,让美善散布人间。

佛光山的人间佛教读书会就是大师在二〇〇一年为佛教徒的进步而创立的,希望广大的群众透过读书会来听经闻法。二〇〇二年的三月在台湾的金光明寺,我主持的台湾 PHP 素直友会,与佛光山人间佛教读书会在此结盟合作,誓愿一起在人间推动阅读,创造书香社会。因着佛光山的因缘人脉资源丰富,在海内外推动读书会成效很高。目前在台湾,无论我们走到哪里都可以听到人说“阿弥陀佛”、“吉祥”,以及彼此合掌问讯,读书已成风气,大家不再视“读书”为畏途了!

会在二〇一二年的岁末来到法国巴黎,就是“读书会”的因缘,我应满谦法师之邀,为佛光山欧洲道场僧众主讲:读书会带领人培训课程。当时为要面对台下全是穿着僧衣的法师讲课,又是来到欧洲异域,内心里有着课前的焦虑。欧洲地区的民众信仰是天主教及基督教,且已有千年以上的历史,文化及国情语言律法各异。在欧洲佛光会友多数来自东南亚地区,不全是华人,也不一定讲华语,很多的生活习惯不是长久居住台湾的我可以了解的。而佛光山的法师们当初要在这么一个非佛教地区弘扬佛法,有许多法令地域的困难与限制,对于星云大师的宏愿及多位法师的毅力精神,我打从心里由衷的佩服,也真的很愿意尽一点绵薄之力为佛光山服务,远渡重洋异乡授课又何妨!

然而，情况却是陌生的……

庆幸的是，“国史馆”在二〇一二年九月甫出版了这套《百年佛缘》四册（二〇一三年佛光山书记室增订本为十五册），当觉培法师送给我这套书时，我满心欢喜，好比给了我一颗定心丸。这套书都是星云大师亲身见闻，再由弟子记录整理而成，对于了解中国近百年来的佛教，尤其战后台湾佛教发展有许多前所未录的原始资料，非常有价值。而由大师口述笔录，期间谈及的人、事、物、地，极多极广，由此也可呈现出星云大师的丰富生命历程，以及当时的情景，价值非凡。

为着教学的必要，我先从佛光山到欧洲宣教开始读起，也就是第四册的“行佛之间”。在越战后的冷战时期，到欧洲去的华人并不团结，彼此争利排挤敌视，然而佛光会成立后却以“出家人角色中立，性格不偏不倚”，许多中南半岛的难民新侨、老侨都可以在佛光山的旗帜下“和合相处”，发展非常迅速……这儿有许多感人的故事发生，移民到欧洲的华人离乡背井，因着民情习俗，生、老、病、死都得要佛教的宗教仪式，否则无法安身立命，佛教的信仰流在华人的血脉里，已是华人生命里的一部分。因缘成熟，其力不可思议，所谓“佛光普照三千界、法水长流五大洲”，循着这套书的轨迹，寻找当年大师以及师父们开创时的筚路蓝缕。用心地阅读这套书时，我再度进入佛光山的历史痕迹，也看到星云大师的生命高度与厚度。

这套书详尽地记录着佛光山的佛教事业：弘法、修持、慈善、教育、文化等方面的努力与贡献，展现了大师知无不言言无不尽的坦荡个性，文字浅白易读且又意涵深远。有着浓厚的文学性及儒家思维的理性。大师拥有万千弟子门人，往来达官贵人，却是不拘泥、不沾染，也不执着，他把一切来自社会的还给社会。这是一种文学美学的情怀，不会掉入旧的窠臼里与俗世的价值系统里，读者感动于衷当也会起而效之。

大师秉持着一种价值，不为己身的成功或声望，而是由他内心的信仰价值来决定行动与生活的方式。大师的包容与开放的态度已超越生活的现状，而是一种普及的社会现象与行为的引导，而能成就一条“云水三千的佛光大道”，众生行走其间无怨无悔。

这一套十五册的《百年佛缘》出版，是佛教界也是文学出版界的大事，弟子序言：

“……诚然如是‘文学为佛法之翼，佛法为文学之核’，大师以文学为根底，佛法为基石，怀抱文学人的悲悯情怀，开显佛陀的权实之教，可以说不论讲理说法写书论述，言谈间字句里处处散发文学善美的馨香及诗书芬芳的气质。”

这是一位行将九十的老人的真实告白，没有虚情没有假意，大师以自己为布幕，映照书中的每一个生命，每一个事例，暖暖含光，念念分明，做为读者的你我，当也可从中得慧，启迪内心，了然大千世界。

“给人信心、给人欢喜、给人希望、给人方便”，随手翻翻这套书都是信条、名言，提醒我们要从自身的行持做起，很简单也很自然的，只要发心都可以做到。进而扩大到利他的菩萨道修行，星云大师的一生行径明明白白地写在这儿，以实际的行动来昭示对信仰的坚定，我们心向往之，当也可追随之。

佛缘万千

星洲媒体执行董事　萧依钊

萧依钊，一九六一年生，现任星洲媒体执行董事、副董事经理、集团总编辑。三十多年来，借着新闻工作的社会关怀面，积极走进穷乡僻壤，冒险进入受灾地区。每年率领《星洲日报》读者前往"爱心助学计划"下的各地区探访贫困学生，成了名副其实的爱心大使；除了散播爱心，也搭起了桥梁，让更多人可以把爱心的种子散播在有需求的土地上。

初见星云大师，已是大约二十年前的事。我以新闻工作者的身份，面见大师，专访大师，无奈当时佛缘不具足，加上业障深重，我并没有因为这难得的机缘而深入智慧如海的经藏，或对佛法产生一丁点的兴趣。

人生在不同的阶段，自有不同的使命与认知。身为新闻人，我以伸张社会的正义为使命。如何在恶劣的环境中游走钢索，传达资讯，是我如履薄冰也必须克尽的责任。然后我认知到媒体的力量，于是我想，何不也借此推动慈善事业，让更多人受惠？如此这般，我从思想激进的青年，走到了今日已过知天命之年。

不管是传递资讯或推动慈善事业，“使世界变得更美好”，其实才是我不忘的初心。

二〇一〇年十月，时任星洲媒体集团董事经理兼编务总监的刘鉴铨荣获“星云真善美新闻传播贡献奖”。我和同事毓林陪同他出席颁奖典礼，随后到高雄佛光山参观。很久以前就听闻佛光山庄严殊胜，亲临宝山时，却仍是被那氛围震慑住。我感受到的并不只是庄严，还有些细节乃至一草一木仿佛都有精心的经营。总觉得那些看似的不经意，其实并非随性。

我无法想象这原是荒芜的瘠地，无法在脑海里描绘出当年星云大师带领弟子们一锄一禾开垦的画面，无法计算建构今日的雄伟需要多少的心力？

我在颁奖典礼上，看着几近失明的星云大师，坚持站在门口迎接来宾，并上台开示，心里有股莫名的感动。

我不能否认，自那一刻开始，我被星云大师感召了。被星云大师，以及他的精神所感召。

我脑海里浮现了很多问题，包括星云大师垦荒年代的心路历程，他如何在风雨飘摇的时代里求存，大师的童年与成长等等。

我不断思考，大师于一九九七年创立了佛光卫视（现为人间卫视），其目的自是流通佛音、弘扬佛法，而今人间卫视做得很好，还有《人间福报》，弘法的目的业已达成，何故还要创办“星云真善美新闻奖”？从宗教界跨足新闻界，绝对不是一项轻松或讨好的工作。

回马后，我收集了很多大师的书，从字里行间捕捉并拼凑着大师的精神面。阅读大师的书籍，让我不意找到了开启佛学之门的钥匙。我在博大精深的佛法中，寻找一小方属于自己的角隅，安静地凝视自己。

这几天翻阅大师的自述体传记《百年佛缘》，发现我所有的疑问，大师都在书里为我解答了。

这套《百年佛缘》，全套共十五本，记录了大师的出生、成长，创建佛光山的点点滴滴，乃至大师的起心与动念，都巨细靡遗。

全书保留了大师的语气，读时但感他老人家就坐在身旁，话语着从前。

他说他小的时候原来也会淘气，有次因为失去了一只鸽子所以跳水自杀，想要借此威胁大人替他把鸽子给找回来。可是因为从小谙水性，所以这边厢跳了下去，那边厢就又浮了起来。如此这般来来回回好几次，自杀不成，唯有自己悻悻然爬上岸走回家去。

我阅后禁不住莞尔，那是我从未想象过的大师。我仿佛看见小男孩因为自杀不成而懊恼不已的模样。我冲小男孩笑了笑，他也对着我绽露了灿烂的天真笑容。

我从不怀疑大师的慈悲，不过从《我可爱的动物们——谈与我有关的小动物》一文里，我发现大师的慈悲远超越我想象。

小鸡失足落入了火炉，大师本能地伸手救援，乃至伤了右手指甲，至今仍留有后遗症。在家境清寒的情况下，他坚持“众生平等”，偷偷给家里的狗狗供应三餐，他说：“人每天吃三餐，再怎么样总会有一碗粥、一块饼、一点吃的东西，狗子却只准吃一餐，甚至有时连一餐都没有，这在我幼小的心灵中感到不能接受。”即使面对非宠物类，大师也会偷买饭团或豆腐置于锅边，让夜里人走后小动物出来觅食时有东西可吃，慈心尽显。大师在年少时就认为，蚊子叮人吸血固然可恶，但罪不至死，他会在被叮时肌肉使力，让蚊子无法逃脱，稍事逗弄才把它放生，是为微惩。从这些平凡的小事中，都在显示了大师的不平凡。如非佛菩萨倒驾慈航回返人间，大抵不会有人在懵懂无知的孩提时代就能展现如此慈悲及是非分明的特质。

大师的“与其放生，不如多护生”也引起了我强烈的共鸣。因为要放生，所以造就了“供”的市场，反而让更多小动物受苦。有些寺庙因过度给予信众方便，放生池里鱼龟过满，相互践踏，挤蹭之余也牺牲了不少生命，我认为都是不应该的。

从《百年佛缘》的“行佛篇”里，我看见了大师如何在弘法时期被警察百般刁难；在“道场篇”里，我知道了他来台初期时，蒋夫人宋美龄不怎么喜欢佛教，因此一般无人敢提佛字，以免影响仕途或招惹麻烦。大师在创建佛光山时，以“佛光”为名，旨在挑战蒋夫人，他说：“我就是要佛光普照，何必躲躲藏藏？”我看见了大师的艰辛，同时也看见了大师的智慧。大师无私地分享了他应对的方式，让我们在看见脚印之际，也清楚了方向与路径。

《百年佛缘》让我明白了，何以走在佛光山时总有股莫名感动。大师说：“阿弥陀佛建设的极乐世界，是由七重行树、八功德水、金银琉璃庄严起来的，虽然现在我们的力量有限，还无法达到这个境界，不过我用树木花草来设计规划佛光山，也就是为了表现极乐净土的殊胜庄严。”那些我以为的不经意，原来都饶富心思。

就佛教的观点，人因为身口意三业，所以轮回不断。勤修戒定慧，才能净化身口意三业，熄灭贪嗔痴三毒。对于学佛的人而言，戒定慧是方向是指引是必然，但对一般普罗大众而言却难免曲高和寡或望而生畏。大师建构了“三好”——“做好事、说好话、存好心”，说白了其实也就是让社会大众，不管根器如何，都能对治身口意三业。身体做好事，口里说好话，意念存好心，试问有何业可生？如此一来，“家庭中如果每个人都注重自己身口意的表达，必定带给全家幸福欢喜；如果把‘三好’推广到社会，整个社会就会一片和乐；如果三好能够实行，则每个人都能成为好人。”

大师说他孩提时家贫，所以没有机会上学，报纸可说是他重要的学习管道。因此，大师格外着重媒体。“在一个追求文明的国家里，媒体应该担当传播文化、引导大众追求真善美的使命。但是，有些媒体为了抢头条，不顾职业道德，不仅二度伤害当事人，也显示出社会轻义趋利的不当风气。”他还说：“口中有德可以救自己，笔下有德可以救社会。”我明白了为什么星云大师在弘法之余，还要费心劳力办“星云真善美新闻传播贡献奖”、“媒体环保日”。媒体是资讯传播管道，对人“心”的影响扮演着举足轻重的角色，大师要创建属于人间的净土，在这环节上又如何能不费心力呢？这道理，其实我早该明白的。

除了新闻奖，大师办“三好实践校园奖”、“全球华文文学奖”、“教育奖”，举办“净化人心七诫篮球义赛”，筹办佛光大学，创立合唱团，流传梵音等等，其实都是朝着创建人间净土的方向前进。社会由许多不同的元素所组成，人有各异的习性喜恶。大师用心地照顾每一面向，完整得几近面面俱到。他让有情众生在饮水吃饭间、阅报看戏间、打球游乐间、歌乐书画间、言行谈吐间……无一不佛法。他以务实的态度，一砖一瓦地砌建人间的净土。

星云大师，其实是一位革命家。

他改革社会，也改革佛教。

他改革社会的不良风气，以人间净土为目标；他改革佛教，以人间佛教为方向，让戒律不再是沉重的约束，让信徒不再觉得成佛遥不可及，让每个人都可以轻易地亲近佛教。

星云大师从创建佛光山之初，至今日信徒遍布全球各大洲，过程除了艰辛，也面对了许多流言蜚语和恶意的攻击。但大师仍是一步一脚印，走了过来。我想，那是因为大师一直秉持着他所强调的"不忘初心"，所以才能有此成就。

这也提醒了我，不能忘却"使世界变得更美好"的初心。因此，不管未来有何变化，我都会以这份初心，尽我绵力为需要的人服务。

二十年前，我初遇大师，遗憾当时慧根未长，未懂惜缘。然而能在有生之年再遇大师，聆听开示，甚至皈依大师门下，我自觉仍是福分匪浅。我愿大师在娑婆世界里的这份佛缘，超逾百千万年，人间净土圆满成就，诸佛常住。阿弥陀佛。

这位“儒僧”把佛教带向人间

前《联合报》社长　张作锦

张作锦，一九三二年生，资深媒体人。台湾政治大学新闻系毕业，以专业记者为终身职志。曾任纽约《世界日报》总编辑，《联合晚报》、《香港联合报》和《联合报》社长，《联合晚报》副董事长。现任《联合报》顾问。著有《牛肉在那里》、《谁在乎媒体》、《那夜，在安德海故宅，思前想后》等书，曾获图书金鼎奖及中山文艺奖。

台湾的民间宗教和基督教的教堂一向建在通衢大道之上，人烟稠密之所，以方便引领信众前来礼拜，听牧师讲道，进而受洗皈依，所以基督教是入世的，神职人员与大众接触，作为上帝与他们间的中介，使人因为有了信仰而精神得到依托。基督教这样的传教方式，使其信徒日众，影响日广。

传统的中国佛教，寺庙多建在偏远地区的深山丛林之中，环境清幽，受戒即是出家，可一无牵挂地修行。对个人来讲这是好事，因为心神专一，较易修道有成。但进入寺庙进香顶礼，通常要长途跋涉，历经艰困，非一般人可至，因而信众人数和佛法推广，都受到一定程度的限制。

但是这种情形，在佛光山开山之后、星云大师担任住持，已全面改观。他把道场设在闹市、在各地通衢大道、各个名都，让一般人容易接近；他办各级学校、办各类媒体、做各种公益事业，将大爱散布社会；自己摩顶放踵到世界各地弘法，组成全球性的佛光之友会，使佛法更易发扬光大……大师做这些，只在说明一个道理、完成一个心愿，那就是：佛教不是只属于出家人的，而是属于人世众生的。我们称此为“人间佛教”。

西方历史上有“宗教革命”，那场运动改革了宗教的本身。星云大师在佛光山发动的“人间佛教”运动，可视为东方的“宗教革命”，它改变了出家人与世间人的关系，其意义可能更深，其影响可能更远。

中国文化以儒家为核心。儒家讲求温良恭俭，希望树人成为君子。这样的人，我们称为“儒者”。人要在学养上、品格上、道德上达到一定的标准，才能被冠以“儒”，那是对一个人最高的尊崇。一个忠心报国、文武全才，而又能上马杀贼，下马草露布的军人，我们称为“儒将”；深具人文素养的商人，能诗文，有远见，重视信用，远离盘剥，以正道赚钱又不忘为社会大众谋福利的，我们把这样的人称为“儒商”。

现在，星云大师把他大半生建山、弘法、度人的经过，以“口述历史”的方式，完成十五大册的套书《百年佛缘》。我们短时间内也许来不及一页页、一字字读完，但只要稍一浏览，你就会发觉，佛光山之有今天的号召力，星云大师在社会上有如此的崇高地位，绝无白吃的午餐，都是大师和他的追随者数十年的心血铸成，尤其是大师个人无私、奉献、刻苦和他“有佛法就有办法”的信心，才能使佛光人一往直前。

大师弘法数十年，不仅只是“说教”，而是从小处身体力行他的信仰。依昱法师曾回忆，大师二十六年前带着徒众到日本开会，住在饭店，依昱当时留学日本，到饭店看师父，吃早餐时，大师把他的餐券给依昱，让她去吃，因为“自己不饿”。事后依昱才懂，原来自己没在饭店住宿，没有餐券，师父饿着肚子，把餐券给她。依昱后来说，那是她生平吃到的最美好、最难忘的早餐。

佛陀纪念馆落成后，每周都有数十万人来去，大师交由慧得法师疏导交通，大师则在高处观看，再转告慧得法师如何改进。而只要照着大师的指示去做，问题无不迎刃而解。慧得法师很疑惑，大师何以有这样的“本领”？大师跟他说：“慧得啊，佛光山开山以来，每逢假日，我都在看交通状况，已经看四十五年了！”

追随大师出家四十年的依照法师说，大师出门，她常负责开车。她说，大师来往各地，从来没见他买过东西。他生活自持甚俭，东西有就用，没有也不买，大师说：“不买就是我的富贵。”依照法师认为,“师父是一个没有钱的富人。”

儒家的教育思想是“身教重于言教”,要自己为别人立榜样,“己身正不令而行,己身不正虽令不行”。

星云大师常谦称自己没有受过教育,但他办的教育比别人多,光是大学就有四所。他获得五大洲十余所大学颁赠的荣誉博士学位,他办了报纸、电视和出版等各种文化事业,他更常往来海内外与学者专家会谈,他“讲故事”的能力远过于一般小说家,他“一笔字”的逸俊潇洒堪称一流书法家……可是大家更应赞美学习的,是他身体力行自己救世存人的佛家信仰,这使我们更愿意把“儒僧”的桂冠戴在他头上。

法尔如是

有鹿文化总编辑　许悔之

许悔之，一九六六年生，少年时期领悟到“诗”是与外界沟通的最佳管道，开始诗的创作，并参加文艺营与朋友以诗相会。于一九八五年九月与陈去非等人创办“地平线诗社”，并发行跨校性校园诗刊。曾任《自由时报》副刊主编、《中时晚报》副刊编辑、《联合文学》月刊及出版社总编辑，现为有鹿文化总经理兼总编辑。著有《有鹿哀愁》、《亮的天》等书。

星光照到人间，已过了许多光年
云化为雨，雨汇为河一起流入
大海，大海的浪起浪灭仿若循环的死生
师法佛陀妙智，空生万有
百千万劫乃为了一大因缘
年纪老了眼力衰了，心力至大至空
佛伸金色之臂殷殷付嘱善男子
缘起缘灭，真心如同一月映照千江
读心之人终会知道要因指见月
后来之人合掌赞叹法尔如是

二〇一三年三月十二日写

人生一瞬　日月长明

前“新闻局”局长　赵　怡

赵怡，一九五〇年生，曾任东森媒体集团副总裁、台北市新闻记者公会理事长、台湾通讯传播产业协进会理事长、“新闻局”局长等职务。现任中华无店面零售业协会理事长、“中华文化推广协会”理事长、东森文化基金会理事长、永庆慈善基金会董事长等职务。同时任教于上海交通大学媒体与设计学院，致力于推动两岸之间文化交流。

足足用了五天的时间一口气读完《百年佛缘》一套十五册，共约一百六十万字的巨作，霎时间内心翻腾起伏，充满着惊奇、震动、慨叹、向往、崇敬等等复杂的感受，同时也很庆幸自己有如此因缘走了一趟神妙的心灵之旅。本书分为“生活”、“社缘”、“文教”、“僧信”、“道场”、“行佛”六大篇以及“新春告白”和“别册”，其中包括一百一十则小故事、一千六百张照片，都是由星云大师一字一句，口述近百年来他个人所做、所言、所学、所思的人事物，并由佛光山弟子笔录而成。

从不同的角度看起来，《百年佛缘》拥有多元的风貌：基本上它是一部当代宗教大师人生奋斗与成功的故事，然而它也是一篇早期佛教拓荒者的血汗日记，一本佛光山传奇的揭秘纪录；更由于书中载有大批翔实的资料，极为珍贵且具有高度历史意义，使得整部书又像是一卷台湾社会发展的缩影。

正如同大师在书中所述，编写《百年佛缘》，主要是记录者“希望记下一些有关我的生活、我的情感、我的学习、我的信仰，乃至我个人数十年的忆往，让大家可以近距离，看到更真切、如实的我”，这几句话替本书做了最好的注解。

第一篇是“生活篇”，主要讲述大师在战乱时期成长的历程，虽曰家境贫困，骨肉离散，迭遭磨难，但因深受祖母启发，却能养成日后勤俭、正派、勇敢和不计较的个性，全文读来感人至深。此外，本篇中也触及最令现代人困惑的感情和金钱问题。大师承认，修道人一样有七情六欲，唯其能将己身奉献予佛陀，故能将私爱提升至大爱，终于臻至“无碍”的境界；至于金钱的价值，大师认为“有钱经常会带来烦恼，故不为其所诱惑，反而得到欢喜和满足”。几句简明易懂的论述和平铺直叙的语言，却拨开了亘古以来人们心头的迷雾。

第二篇“社缘篇”里，珍藏着数十年来大师与全世界领导人物交往的时空过程与点点滴滴。在台湾，基于佛光山的盛名，从蒋经国到马英九等历任领导人或宋楚瑜、吴伯雄等党政领袖都曾多次来访而与大师结识，而在种种记录文句中也可感觉出这些掌握政治权柄的人物对于大师一致的敬重与礼遇，或许这也是佛教能在台湾社会中如此繁荣兴盛的原因之一吧。至于在国际上，则是由于星云大师的英名远播，以至于佛光山与各国元首们也交谊匪浅，夙有往来，其中包括印度独立后第一任总理尼赫鲁，泰王普密蓬，菲律宾总统马卡帕加尔，梵蒂冈天主教教皇保罗二世与本笃十六世，美国前副总统戈尔，马来西亚总理马哈蒂尔等等。显然，星云大师，不需要任何官式的头衔，已经成为台湾最有影响力的民间使者。

此外，“社缘篇”里还登载了大师与企业界、传播界百余位杰出人物之间的交往情形。最令人感佩的，除了记载的用心与巨细无遗之外，大师对每一位曾经相识的友人，无论长幼男女、宗教派别、地位高下，他几乎都熟记在心，并惯常地以谦和的语气称呼、赞美或感谢他们，充分展现出他慈祥友爱、宽和待人的襟怀。

“文教篇”主要描述大师与大学校长、教授，以及文化和艺文界人士交往之过程。近年大师提倡读书风气，在海内外兴办学校，创立星云真善美新闻贡献奖和华人文学贡献奖，持续鼓励社会民众多读好书，都是为了匡正社会，净化人心所做的努力。

“僧信篇”则系以佛门中的佼佼者为对象，尤其在早期有许多位长老的高僧范式，至今仍烙印在大师的内心深处。此外，文中不厌其烦地逐一介绍佛光山上热心奉献的每位比丘、比丘尼、师姑和义工干部，大师的心意不难揣度，他是想借由佛门子弟牺牲奉献的故事，让社会大众汲取人生智慧和经验。

“道场篇”很完整地叙述了星云大师四十多年前创办佛光山的经过，以及近年筹建佛陀纪念馆的过程。他自认为兴建道场主要的缘由是因为“大家以法聚会，身心才会慢慢得到净化”，进而才能实践“以文化弘扬佛法，以教育培养人才，以慈善福利社会，以共修净化人心”的最高宗旨。本篇中还详细记载了大师与各地佛教，包括：中国大陆、香港以及新加坡、马来西亚、菲律宾、日本、韩国之间的交流，并与各方弟子结缘的诸多往事。其中，一九九六年在马来西亚举行的弘法大会，更创下许多第一的历史纪录，例如人数与场地规模为历来之最，当日有八万名听众到场，挤满了整个莎亚南体育场和当地的旅馆，允为海外弘扬佛法的一次盛会。

在“行佛篇”里，读者真正见识到大师如何为佛教开拓出一条更宽广的路。他勇敢颠覆“僧侣不问世事”的刻板印象，积极建立人间佛教，走出庙宇，投身群众，怀抱着佛陀的爱心从事社会公益活动。从一九八七年开始的“台湾南北行脚托钵”，僧侣们每一回南北纵走十七县市七百多公里，一步一脚印走出人间行者的风范；一九八八年“回归佛陀时代”，率众前往泰国、缅甸、老挝交界地区关怀当地苦难同胞；一九九〇年“把心找回来”，大师大声提议重整社会治安、重视家庭伦理；一九九三年“七诫运动”，呼吁严戒烟毒、色情、暴力、赌博、酗酒、恶口，借以净化人心；一九九七年“慈悲爱心人”，鼓励大家做一名慈悲的爱心人；一九九八年“三好运动”，倡导身做好事、口说好话、心存好念；二〇〇二年“媒体环保日”，唤起媒体自律，还给社会大众清净的社会；余如“世界佛学会考”，鼓励人们研读佛书，净化精神内涵；“百万人兴学”，发心筹办大学；“成立公益基金”，用于举办“真善美新闻传播奖”，发挥道德力量，善尽社会责任。以上每一项活动，星云大师及佛光山上下每一名成员无不善用智慧，竭尽心力，全力以赴，也总是能为芸芸众生带来更多平静、喜乐、圆满。

自从一九六七年佛光山开山以来，星云大师都在每年春节前夕发表一篇告白，从未间断，至今已有四十七篇之多。在告白里，大师把佛光山上发生的重要事件一一道来，自然而流畅，像是一篇篇至情至性的诗赞，然而沉淀在扉页之下的却是建寺、办学、传道的苦心孤诣和所付出的血汗与智慧。至于此中的顿挫与折磨，若非亲眼阅读到文件记载，即使身为佛门弟子且时有机会亲炙大师风采如我者，也万万无法想象个中内情竟然包含了如许心酸！大师在创业告白中说了两句话：“大海有平息之日，业海无止静之时”，这是他一时的感叹？还是在自我激励？或许，是大师在对人间佛教的终身奉献做出神圣的承诺！

读到告白的后半部，时序已进入一九八〇年代，那时星云大师早已誉满天下，而佛光山的弘法、教育及公益事业亦已攀上巅峰，一举一动都成为社会瞩目的焦点。然而，大师在告白中的语气不但感觉不出丝毫的骄慢，反而更多几分谦冲自牧，体现出他慈悲为怀的泱泱大度。有一段时间，大师偶尔会应邀在电视节目中受访，有一次他提出“你对我错、你大我小、你有我无、你乐我苦”十六字箴言，意在匡正今日社会里动辄大欺小、小抗大的对立歪风。他全力倡导化敌为友和有容乃大的祥和观念，决心“把欢喜布满人间”。时至今日，佛光普照，法水长流，早已越世界各洲，跨海峡两岸，但是，星云大师并不为已足，依然念兹在兹地要“将此身心奉尘刹”，才无负护持的使命。

近几年来，大师患眼疾而影响阅读，但是他不愿放弃书写反而自创“一笔字”书法，竟然在海内外大受欢迎。在《百年佛缘》书中，他以一笔字法在篇章之首写了许多名句，琳瑯满目，字字珠玑，翻读之间，不觉为之神往，其中有“日月长明”四个字，是大师在引喻佛陀的光芒，其实在弟子们的心目中它何尝不正是大师伟大人格的写照！又云“心美如华”，则是大师赞扬所有护持人间佛教的僧众大德字句，原创者的慧心与明智委实令人叹服无已！

二〇一二年，大师在告白中提到他回忆起前尘往事，直有“人生一瞬”之感，听起来似乎透着几分疲惫和倦怠。今年新春几位同修结伴拜山，一抬头就见到佛光山上竖起了“曲直向前，福慧双全”八个笔迹熟稔的大字，大伙儿精神为之一振，我们知道大师又在运用巧思，把蜿蜒移动的蛇行当作素材来勉励世人不忧不惧、不屈不挠，勇往向前！当然，我们更相信这位终身奋进、永不止息的一代宗师永远活力充沛，神姿焕发，将带领着世人走向幸福安乐的人生大道！

写于二〇一三年三月十二日

一音演说，众生随类各得其解

国际佛光会中华总会总会长　赵丽云

赵丽云，一九五二年生，台湾新竹人，曾任佛光人文社会学院代理校长、《台湾时报》言论部总主笔、“行政院”体育委员会首任主任委员、台湾编译馆馆长、台湾师范大学专任副教授等；曾获台湾教育学术团体木铎奖、台湾十大杰出女青年。现任国际佛光会中华总会总会长。

癸巳年春节，全台陷入前所未见的美国影艺学会，俗称奥斯卡电影金像奖热潮之中。小女立喆因在电视台担任新闻主播，且返台就业前，曾在美国洛城东森美洲电视台主跑好莱坞影艺新闻，又曾加入美国演艺协会为会员，于是，李安先生执导《少年派的奇幻漂流》是否会被提名？是否会得奖？又会得到哪些奖项？遂成为饭桌上闪都闪不开的话题。其中，尤以那座人工造浪池所幻化的“无海之海”，究竟是要映照夸言“人定胜天”之人类，在惊天骇浪中接受大自然洗礼时的渺小、无助？抑或是想借朵朵水中绽放的莲花，来表达人类处于极度磨难时，对“镜花水月”的向往？又剧中主角，一位具多重信仰的印度少年，光怪陆离的“人虎同舟”情节，是否企图交代人类唯有处于空无之绝境中，方能激发出超越物种、国族的“平等心”，合光同尘地与非我族类相忘于江湖、和平依存的寓言？则在家人间引发激越的辩论。

对有幸长年追随星云大师学佛，又有缘预览《百年佛缘》巨著的丽云而言，其实心中了然众人所辩者，无非“应所知量，随类各得其解”现象，但又恐如此一解，反而引起众怒，被讥系以“外交辞令”作搪塞。正苦恼间，突然灵机一动，反问女儿：若有一长者年近九旬，自幼离乡背井，只身漂泊数十载，每日工作逾十八小时，获有酬劳全都用以布施，故迄今身无分文；近来又因积劳成疾引起脑中风，稍后虽奇迹似地复原，但视力大受影响，且行动仍稍有不便。你认为此人处境如何？女儿不假思索就喊：“这太苦了吧！”接着，我为她翻读《百年佛缘》第十四册，第三百三十七页，星云大师于二〇一三年“新春告白”中说道：“迎新送旧之际，每个人都要为自己的生命写下历史。虽然至今脚有些不便，但我的头脑还清楚，我的手还能动、还能写一笔字、还可以讲话，能与大家结缘，行年至此，我感受生命‘也无风雨也无晴’、不忧不惧、不喜不怒、无轻无重的平静和欢喜。所以我想，人生纵有曲曲折折、风风雨雨，不惧曲折困境，效法菩萨精进向前，所谓‘向前有路’，向前的人生必定有希望。”不待读毕，女儿眼中饱衔泪水，哽咽叹息：“师公太伟大了！但他处此境地仍能不忧、不惧且心中充满‘向前有路’的希望，这实在也太幸福了！”就在这“太苦了！”也“太伟大了！”也是“太幸福了！”的错乱逻辑中，女儿终于止息她喋喋不休的“专业意见”，而我也终能耳根清静，重新沉浸入《百年佛缘》的法味之中。而此“随众生心，应所知量，众生随类各得其解”，也正就是我读《百年佛缘》最真切的领会。

说来也是因缘际会，为了庆祝辛亥革命百年，“行政院”特于二〇一二年秋天，商请星云大师号召岛内各宗教，假佛陀纪念馆举办一场定名为“爱与和平”的联合祈福大会。这场活动在长年真诚尊重各界宗教领袖的星云大师悉心筹划下，当然是空前盛大而成功的。但最不可思议的是，这场活动，竟无意间促成星云大师接受“国史馆”之邀约，以口述历史的形式撰成《百年佛缘》一书，作为辛亥百岁贺礼。而此书虽为辛亥百年献志，然经佛光山书记室增补后，于二〇一三年三月再版时，却巧逢大师出家七十五周年，及佛光会成立二十周年之庆，也适巧为大师云水行脚五大洲，度众悲愿一甲子，悄然改变了台湾民众的生命及文化素质之贡献，留下一份最适恰的注解。其因缘之殊胜，实耐人寻味。

《百年佛缘》全书合计一百一十篇，概分为生活、社缘、文教、僧信、道场、行佛等六面向，由大师平铺直叙八十七年来九大段落的生命历程，暨其间与人、与物、与时、与境互动时的因缘。说者语气云淡风轻，然读者心情却随各自根器、业历而多起澎湃汹涌之震撼。甚至同一故事，在不同时空读来，竟有完全不同的感应，真应验了“如来一音演说，众生随类各得其解”的境界。譬如大师在本书第七册曾以《师恩高于山》为题，叙说他早年饥寒重病，幸靠先师遣送“半碗咸菜”活命的故事，丽云初读时，不禁潸然泪下，既心疼大师成长时期的备极艰辛、乏人关顾，更不能理解大师口中的“感恩”从何而来？但再读时，渐能体会大师“情到深处无怨尤”的至情至性；及至三读，大师处死生交关之际，在心中仍长住三宝，不只对“佛”宝生实信，故能觉而不迷；对“法”宝有坚信，可据以洗涤烦恼无明；而对“僧”宝一样具足信心，确信师恩意在鉴机逗教，适性扬才，自然不会计较人心一时之冷暖。于焉，黄龙慧南禅师所谓“高高山上云，自卷自舒，何亲何疏？深深涧底水，遇曲遇直，无彼无此”的意境遂跃然纸上，而对大师口述的《师恩高于山》，也就相悦以解，毋庸置疑了。

质言之，本书堪称奇绝，直有“随众生心，应所知量，众生随类各得其解”的奇效，真的值得一读再读。至于书中处处可见发人深省的小故事，绽放出人性的光明善美，读之令人清凉自在；而文中时时透露大师至情至性的惜物、惜缘真感情，读之让人充分领会人间佛教淑世爱人的真实法味；而全书跨越不同篇章记录大师的云水行脚，虽显现他永远向前不稍停歇的刚猛精进，却也随处可见大师不遗脚下，频频回首垂顾弘法路途上，数以千计接引过的四众、过客与归人的似水柔情，让人读之忍不住赞叹大师有情有义的随喜功德；至于此书文风之沉稳、婉约而不弄机巧，不但打破一般历史书或佛书的枯燥、玄妙刻板印象，更因文字的反璞归真而更能层层触达读者内心、真心，令人对大师景行悠然神往，倍增励志修持愿力。又丽云因曾担任台湾编译馆馆长，积有多年的大部头书编纂经验，因而对于本书之编排有序及友善读者最感折服。

全书共十五册，以类相随，且册册均加编全套目录，便利读者综观、分章品味。至于书末，除别出心裁，由佛光山弟子各自简述心中的大师图相，让读者更近一步亲近、了解大师之外，并有系统汇整大师历来弘法大事纪、著作一览表。同时将大师自一九六七年迄今，每年新春致护法朋友信函，依序呈列，更添本书之典藏价值。

丽云本乃大师弟子，日前奉佛光山书记室嘱咐为本书作评，然拜领恩师示现，弟子何能下评，唯懔于长者赐不敢辞，遂勉力为之，谨缀如上读后心得就教于方家，并期与读者分享。最后敬谨恭录经云"如来一音演说，众生随类各得其解"以资赞叹，并为本文总结。

二〇一三年三月十二日于台北

人间佛教的心灵革命

公益平台基金会董事长　严长寿

严长寿，一九四七年出生于上海，祖籍浙江杭州，台湾基隆中学毕业，现任非营利组织“公益平台文化基金会”董事长。“以观光旅游让台湾和世界交朋友”为一生职志。曾参加亚洲旅游协会、美洲旅游协会，并担任世界杰出旅馆系统亚洲主席、青年总裁协会世界大会主席、圆山饭店总经理等。被社会誉为“观光教父”，长期关心台湾的发展，也参与多次台湾重要规划、国际观光事务，是台湾观光旅游的领航人。著有《总裁狮子心》、《为土地种一个希望》等书。

长久以来，我一直认为宗教在台湾扮演极为重要的角色，是我们社会一股重要的安定力量。它就像地表底层的伏流，绵延如缕、静水深流，以柔韧刚强之姿，形塑出台湾文化独特的精神面向。

简短回看一下历史，中国社会在长达半个世纪漫长时光里，从清末列强欺凌、民国之后军阀割据、抗日北伐、国共内战、治乱无常……平民百姓饱经战乱、颠沛流离，每天面对血肉横飞的场景，上至家国，下至个人最迫切关注的是如何求生存、求安定。大环境如此险峻，所以在当时“出家人”在一般民间并没有什么社会地位，只能被视为求神拜佛的依附力量，而且往往只有在需要办丧事，举行念经超度法会时，才会被想起。很多高僧即使道行极高，怀抱精深的宗教理念，面对文盲众多的不安社会，也少有机会能够施展宏法大愿。

然而台湾战后这六十多年，随着经济发展、教育普及，整体社会人文思想也有长足的发展，人心想要安顿，宗教力量适时在这段时间变迁中，扮演重要的角色。一般民众面对人生的无常以及许多生命中无法解释的迷惑，宗教家及时用他们的语言，扮演了抚慰人心、安定社会的力量。也同时让这些从大陆东渡来台的宗教高僧、精神导师，找到了信众、得到了知音、有了舞台，佛教终于在台湾焕发慈悲的能量。流风所及，佛学同时影响了台湾的文艺界。从云门的舞者、优人神鼓的修道者到汉唐乐府的艺术家们，以“禅修”做为静心养性的基本功，就连台湾的茶人也以打坐安定身心，足见从宗教中提炼出来让心情沉淀的力量，变成台湾艺术提升与转化非常重要的元素。可以预见，未来，宗教将在台湾继续扮演重要的角色。

星云大师十二岁出家，二十三岁只身来到台湾，原本他不谙台语，饱受讥讽，但居然能克服万难，在那样精神贫瘠的时代，竟能在电视开辟节目，成为第一个在电视上弘扬佛法的出家人。在当年只有三家电视台的时代，他的扬州腔的国语，不疾不徐的言说，庄严之法相，带领身处省籍矛盾、贫困生活中的广大的台湾信众找到心灵平静，他一手创立的佛光山，推动“人间佛教”，深入地将佛法精神在台湾落实。鼓励人奉献自己，回馈社会，携手共创人间净土。

其实，没有特定宗教信仰的我，却也因着特殊的时空背景，有幸与佛光山的星云大师，三度结下了殊胜的因缘。

第一个因缘远溯及我的父亲那一辈，我的父亲严炳炎在他中年之际，潜心佛法，曾经抛家别子剃度出家，因缘巧合，年轻的星云大师与家父因同时身为佛门子弟，成为挚友，且两人有同榻之缘，有共修佛法之情谊。

虽然，之后，原本决志遁入空门的父亲被心焦如焚的母亲找到，在家母声泪苦求下，不得已从命返家，但他已是“身在俗世、心入佛门”，成为在家修行的居士，自号“老沙弥”。

记忆中，他每日清晨四时天未亮，即起身打坐敬虔礼佛，以出世之心，关心佛门事务，热心护持佛教，偶有宗教界大师来舍下挂单，我有幸随侍在侧，听闻他们对世事佛门议论、批判，反对虚浮事功，应正本清源回到佛法精神等等。

犹记当时观音山曾有住持因分产争执，闹上报端，年事已高的父亲仍坚持徒步拄杖、拖着老迈身躯，登山叩门，训诫该寺住持。诚可谓“本来无一物，何必惹尘埃”，佛门之人居然会对财富、权力如此这般执迷不舍，直是有辱佛门清誉。

之后他因为前车之鉴又投书给某宗教大师，信中提及“若要佛法兴，除非僧赞僧”，以此力劝他“你老既已积劳成疾，理宜一切看破放下，生死置之度外，宜早准备继任人选，早立制度，究属传贤，抑或传徒”，否则留给后人更多争议，“秤铊落东海，到底始知休”。

如今，父亲过世已经多年，他的那封信也辗转传诸我之手，字里行间，父亲秉笔直书的气魄，弊绝风清的气势，仍令我佩服。拜读之际，由然忆及父亲种种庭训，惊觉到年过六十的我，无意之间却愈来愈像我父亲，也愈来愈能体会他的“爱深责切”的心境。

或许平凡如我之所以至今仍一身热情，投身公共事务、关心台湾未来这些别人看来“鸡婆”入世的性格，究其远因，想来正是受父亲潜移默化的深远影响。因为家父遗泽厚爱，我与星云大师有了上一代的第一个因缘。

二〇〇六年年末，星云大师八十大寿之际，宣布“封人”，意即不再举办大型公开演讲法会，封人前夕，他曾邀请天主教枢机主教单国玺、台北市长马英九等举办一系列“佛学讲座”，我亦有幸受邀与大师在台北国父纪念馆就“管事与管人”进行对谈，那是我与星云大师的第二度因缘。

当天，星云大师从佛教的管理哲学，谈如何将佛光山从台湾带领百万僧众及信众走向世界，以特有的人文素养创造佛光山文化。他认为一位成功的领导者要尊重他的员工，包容，给他们信心、希望和尊严这些跟我在亚都三十年的体会完全不谋而合，显见大师有其独特的管理智慧。

二〇〇九年年底，我在淡出亚都营运之际，跟多位志同道合的朋友成立了“公益平台文化基金会”，投身偏乡花东的产业辅导、部落文化及教育工作。两年前，在因缘际会下，我们公益平台有幸得到佛光山星云大师的全力支持，愿意将其创办之“台东均一中小学”无条件提供公益平台完全接管，我也成为均一中小学的董事长。这件事成就了我与星云大师的第三个因缘。犹记当时星云大师对我说：“这里没有一件东西是我的，你拿去吧！”他这种“无我”的精神真令人动容。

而我们公益平台接手均一，推动教育改革，虽然现实挫折不少，烦恼亦多，但这个过程亦不失为一种“修炼”。因为我们推动均一转型，不是为了名声、私利，而是真真切切要提供弱势的孩子，一个发挥天赋、实现自我的机会，也为这所学校打造持恒永续的生命，戮力为台湾教育寻找新的可能。

在这条“人迹罕至”的教育改革之路上，公益平台与均一师生必定要努力坚持下去，方不辜负大师将均一交付予我们的一片用心。

不久之前，我有幸到江苏省宜兴市白塔山的大觉寺参访，这里是七十多年前星云大师剃度出家的地方，独具意义。大觉寺坐落在白塔山的半山腰，占地约三百亩，是个风光明媚的弘法道场。过去曾因逢中日战争及国共内战，土匪猖獗，使得白塔山经常遭受土匪攻击、军队骚扰，一度无人敢居住。这几年，经由大师重振祖庭的抱负与使命，如今已大大改头换面，建设完备、殿宇堂皇、访客如织，大有名山大寺之势。

佛光山的众法师们很自豪地告诉我，大觉寺是大陆唯一不收门票的寺庙，乍听之下我非常诧异，原来在大陆，多数寺庙也日渐世俗化，变成观光景点了。对比之下，大觉寺表面上没有门票收入，虽居弱势，但转念一想，这不正是它的强项吗！

而在一切向钱看、贫富落差大、发展就是硬道理的大陆，摆脱金钱污染的大觉寺，正好可以重返当初星云大师来台传法的初衷——舍弃尘蒙、回归佛法、一清如水的初心，以悲天悯人胸怀，安定大陆人心——这正是台湾佛光山最值得“反传”回去的宗教价值,亦是在大陆发展的佛光山最值得期待的一件大功德。

我一直认为,要以物质来满足人心根本是缘木求鱼,只有心才能找到心,只有心才能对心说法,只有精神力量才能安顿人世的无常。星云大师常说,人要淡定面对无常、放下挂碍、体证无我、消除我执以服务人群,这种精神是所有功利导向的社会非常需要内化的元素,也是目前大陆最好的精神良方。以前星云大师带领的佛光山,以慈悲之心滋润了台湾,如今壮盛之后,正可适时回馈大陆,这也是台湾文化软实力发挥力量的最佳时刻。

这套《百年佛缘》以巨细靡遗的内容,记述星云大师苦心孤诣推动“人间佛教”的用心,呈现其可贵的而丰富的生命历程,对于与台湾文化同、语言通的大陆社会,星云大师这套全集正可以晓畅无隔,提供一个人人可以亲近之、萃取之、实践之的简易法门,让资本社会里心灵饥渴的大众,有了寻求生命意义最好的参照。置放在这样背景之下,《百年佛缘》益加显得弥足珍贵。

百年佛缘见奇迹

台湾教育大学系统总校长　吴清基

吴清基，一九五一年生，台湾台南佳里人，台湾师范大学教育博士，曾担任“教育部长”、“常务次长”、“政务次长”、台北市副市长等职。现任淡江大学讲座教授、台湾师范大学名誉教授、台湾教育大学系统总校长。

前言：人间佛教，一代宗师

《百年佛缘》一书，是星云大师口述近代宗教发展史的一部珍贵宝典。在透过大师回忆人生历程，从小故事中，启发人生大道理，发人深省。从大师行佛、道场、僧信、社缘、文教、生活中，看出大师风范及贡献，令人景仰，敬佩不已。

星云大师确为当代宗教界的伟大领航者，一生充满了传奇性的成就、发展和影响力。大师生于动荡不安年代，历经北伐革命、中日战争、国共内战、播迁来台，可说一生在苦难环境中度过，未曾有完整的正式学校教育生活历程。但却能博通经典佛书，著书立说数百册，传法于世间，化民于社会，影响海内外。或说“佛光普照三千界，法水长流五大洲”，就是对大师这一生弘法立教成就最好的注解。

大师出家七十五载，长达四分之三世纪，创建佛光山宗教圣地，为世人所赞叹；打造佛光人的光耀，在世界各地传法利生；推动人间佛教，广传佛法，利民众生；推动“三好运动”，净化社会，做好事，说好话，存好心；倡导百万人兴学，成就教育伟大志业，化民成俗，提升台湾竞争力；成立公益信托教育基金会，表扬社会菁英，建立社会各行各业典范；发起云水书坊——行动图书馆，送爱传知识到偏乡；推动佛光读书会，鼓励大家多读书，增长智慧；提倡体育在佛教生根，让僧众身心更健康；建立佛陀纪念馆，成就宗教博物典藏佛教教育推广之大愿。

《百年佛缘》一套巨著大作，是大师口述宗教发展及其弘法生活回忆，句句珠玑，处处智慧，恭读受益，如获至宝，谨择其中十则，窃表个人感佩、赞叹和钦敬之挚情分享。唯大师具佛陀智慧，菩萨慈悲，其伟大恐非个人笔墨所可描述表达于万一。

推动人间佛教、传佛法利众生

大师认为佛陀出生在人间，修行在人间，成道在人间，弘法在人间，都是对人说法。因此，只要是“佛说的、人要的、净化的、善美的”，凡是有助于增进幸福人生的教法，都是人间佛教。

大师能深入浅出，一语道破广传佛法之深奥道理，令人感佩。因此，人间佛教在台湾能得到有识之士的肯定，一时之间，妙传佛法在台湾能盛传开来，使台湾成为二十一世纪全世界弘扬人间佛法之典范。

由于大师推动人间佛教，让佛教之弘法能快速发展有成。今天台湾在佛教人口结构上，能从老年到青年，从香客到义工，从私塾读书到硕博士生，从不重视女众，到现在比丘尼撑起半边天，主持佛教会、担任住持。大师也指出，在信仰修持方面，从求神赐予到服务大众，从一盘散沙到教会组织，尤以国际佛光会海内外数百万佛光人担当起护法弘法的使命，从化缘求助，到喜舍行佛，从庵堂到学校，从佛殿到讲堂，从拜拜到法会，从诵经赞颂到歌唱舞蹈，从寺庙道场到“国家殿堂”，从台湾本土到国际弘法等等，这些都是所有佛教徒致力于推动“人间佛教”的改变。大师的辛劳，确有成果可见证。

大师对“人间佛教”之推展，充满愿景，锲而不舍。希望未来“人间佛教”的发展，在空间上，能把佛教带到“此世界、他世界、十方诸世界”；在时间里，能将佛教从过去、现在带到“此时、彼时、无限的未来”；在生命间，能够“广度一切，让十方法界众生，早登彼岸，脱离苦海”。何等伟大的慈悲大愿，相信有大师的揭橥倡行弘

法，在僧众共同努力之下，一定会实现“人间佛教”之美好愿景。

倡导百万人兴学、建学校育人才

办大中小学、作育英才

大师深切了解教育在成人之美，而宗教在劝人为善。其实佛法不外世间法，经由教育活动培育人才，对宗教弘法，或许更能事半而功倍。

大师出家人，身无分文，人无财产，但却能效法武训兴学的精神，凭着诚意与愿心，以托钵的方式，筹募功德善款来办学。大师的伟大，在于他的毅力和决心，发起“百万人兴学运动”，发动百万信众，每人每月捐助一百元，只要连续捐三年，参与的人都成为大学的“建校委员”。

大师曾提出百万人兴学口号：“把智慧留给自己，把大学留给人间，把功德留给子孙，把欢笑留给大众。”何等的洒脱动人，难怪在大师精神感召下，有钱出钱，有力出力，其办学培育人才报答佛恩的大愿，乃能逐一实现。今天在美国有西来大学，在澳大利亚有南天大学，在嘉义有南华大学，在宜兰有佛光大学，皆是办学声誉卓越好的高教学府。虽是私人宗教创办的学校，却是公立学校收费，或免收学费，还有奖助学金发给，若非大师办学之大愿，一般私立学校是无法做到的。

除了办大学之外，大师早年在台北中和设立智光工商职业学校，后来在高雄接办正气中学，迁校改名为普门中学，在埔里设均头中小学，在台东设均一中小学，在宜兰头城公办民营人文小学，都是相当受人肯定。只因大师办学的大愿，教师认真地教学，学生也都努力地学习，校风良好，成效受肯定。春风化雨，作育英才，功在国家，利在社会。

办补习教育、职训人才

除了正规学校教育之办学投入外，在大师的人生字典里，教育分有好多种类。其中佛教教育有：僧伽教育、居士教育、儿童教育、慈善教育。另外，社会教育有：职业教育、妇女家事教育及各种职能训练班等。

其实大师早在一九五三年一月到宜兰，一九五六年就向县政府立案筹设“慈爱幼稚园”及“光华文理补习班”，正式开始办社会教育。除办幼儿教育外，也办各种职业补习班，如烹饪补习班、洋裁补习班、花道班、妇女家事班。

大师出家人办补习班，不是为谋利，而是为提供信众有就业谋生的能力。大师曾主张每个人至少要有五张执照之一，如：驾驶执照、教师执照、护理执照、水电执照、文书执照。因为有执照，才能方便就业，有职业才有美好的生活。因此，大师主张，社会要提升，要尽量给大家有机会受教育，才能在社会上出人头地。

大师出家人，在早年就如此关切社会信众就业问题，是何等的入世思维，令人感佩，且不只关心，更创办教育环境，提供正式入学和补习教育之机会，诚然大师是一位伟大的教育家，称之无愧。

办佛教学院，培育弘法人才

为了办教育，需有自己的干部，大师乃思必须办佛教学院，在一九六三年，在高雄寿山公园内，创办“寿山佛学院”，创台湾宗教界自己培训师资的创举。大师为了筹办佛学院经费，曾经到殡仪馆念通宵经忏佛事，只盼能多争取一些钱来补贴佛学院教育费用，其办佛学院培育佛教师资的毅力和决心，何等感人！

像蜡烛一样，燃烧自己，只为照亮别人，真是伟大！

后来，在台湾也遍设佛学院，如：彰化福山佛学院、嘉义圆福学园、基隆女子佛学院、兰阳先修班、台北“中国佛教研究院”、台北石门的北海道场沙弥学园等。

另为应海外弘法需要，有澳大利亚南天佛学院、美国西来佛学院、香港佛学院、印度佛学院、菲律宾佛学院、马来西亚佛学院等。

大师是一位伟大的宗教教育家，实至名归，将宗教和教育缜密结合，为弘法传教，自己培育人才，开宗教传法风气之先，其办教育报佛恩之情切可见。正如《楞严经》有云："将此深心奉尘刹，是则名为报佛恩。"大师将身心奉献给教育、文化、慈善事业，也算是报答佛恩于万一。

推动三好运动，净化社会人心

"做好事、说好话、存好心"这是大师"三好运动"所揭橥的德行修为，在今天已成为一种动人的社会道德运动，来自宗教的实践力量，远大于政府官方的政策宣导。大师登高一呼，造成的风潮效应，远超过任何当今政要的呼吁，大师的人间魅力，有如佛陀再世，菩萨再现，感化人于无形。

一九九八年，大师的福报，将佛陀真身舍利从印度迎回台湾供奉时，邀请连战先生，在台北中正纪念堂，和现场十万民众，共同发起提倡"做好事、说好话、存好心"的"三好运动"。

大师从宗教化民利生着眼，所以要提倡三好运动，是想到过去中国社会流传佛教的业报思想。讲到造业，就是"身口意造业"。身犯杀、盗、邪淫，口犯恶口、两舌、妄语、绮语，意犯贪、嗔、愚痴……因此，个人要想从恶业到善业，就必须改造自己的身口意。身做好事，口说好话，心存好念。

大师为落实三好运动能深入民心，还做"三好歌"：

人间最美是三好，做好事，说好话，存好心，平安就是我们的人间宝,人间最美好是三好。

做好事,举手之劳功德妙;

说好话,慈悲爱语如冬阳;

存好心,诚意善缘好运到。

三业清净真正好,实践三好最重要。

大师的成就,在其一举手,一投足之间,看见了其平凡中的不平凡。为化民成俗,推动三好运动,净化社会,用心深入,除引佛说教化世人,还作词写歌,劝化人心,古今中外,有此诚心笃意,想成功做好一件事的人,难有人可出其右者,伟哉!大师!

前“教育部长”杨朝祥,在推展“三好实践校园奖”表扬时曾指出:“三好校园,绝非口号,而是长期深耕的品德教育!”如果能从学校开始做起,进而推展到家庭、社会,必然有助于道德人心的提升。“三好运动”能够成功在台湾深根每一社会角落,深植每一个人心,或许是大师恭迎佛陀舍利所赐之全民福报吧!

成立公益信托基金,表彰善行义举

大师在二〇〇八年成立了“公益信托星云大师教育基金”,先后设立了“power教师奖”、“真善美新闻传播奖”、“全球华文文学奖”、“三好实践校园奖”、“星云教育奖”。对表彰社会上从事教育工作、新闻传播工作、华文创作等各领域精英人才之鼓励,贡献良多,对引导社会教育发展和新闻报道、文艺创作应有积极贡献和价值。

所谓公益信托基金,就是有了钱,不一定存在自己名下,用一个公益基金的名义存到银行里,只要符合公益的条件就可以动用它,但是自己不能再收回来,因为钱已经属于社会公益的专款,必须由银行依信托条件支付各类善款的运用。

大师在二〇〇八年八月，应邀参加北京奥林匹克运动会开幕式后，转往美国弘法行程中，发现自己名下有不少版税款，多达三千多万元。

大师认为出家人怎可有自己的财产呢？乃决定成立公益信托基金，取之于社会，用之于社会，让这些钱活用于社会公益表彰活动中。因此才有教育奖、新闻奖、文学奖等各种杰出人才之表扬活动。

大师慈悲喜舍的风范，令人感动。大师关心社会发展走向，鼓励教师用爱心教导学生，期待媒体工作人员能从正义正向思维报道新闻，知识文人能有创作空间成就不朽巨作美化人类心灵。一切起心动念，都是为了社会更好、为了苍生能离苦得利，大师慈悲胸怀何其伟大！欢喜心，做欢喜事，舍去自我名下的财富，却得到更多各界的善款护持，可做更多有意义的事情。舍得，有舍就有得，舍去自我的私得、几千万之版税，却成就得到更多的社会大我的共同护持几亿元基金，大师的慈悲和智慧，处处令人感佩！

深根佛教体育，增进品德强身

大师曾自谦：一生没有嗜好，假如勉强要说有什么兴趣，那就是最欢喜“体育运动”了。从来没有人会了解大师为何对体育情有独钟，从来也没有人知道大师是游泳高手、打乒乓球、打篮球、打排球，他可样样精通，且是可代表参赛的好手。

大师认为体育不但可以救国、强身，还可以增进品德，有人认为体育看起来是争斗，实际上是教育人要懂得尊重、团结、懂得认错，遵守运动规则。体育活动里有很多美德，所以许多年轻人实在很需要体育来训练自身，这些与在佛教里面参禅、念佛、打坐，有同样的意义。

游泳高手，喜欢打球

大师是游泳高手，恐怕超乎一般信众所能了解。大师老家在扬子江的淮南运河边，六七岁时就到运河里游泳，十岁时，因水性很好，就可浮在水面上睡午觉，也能潜水十分钟、二十分钟。也经常奉大人之命，过河去采买一些日用品，为省渡船费用，大师可以游过二百公尺，将购买到的菜、米等日用品顶在头上，再踩着水游回来。大师自认从小最大乐趣就是游泳，不但游出欢喜，而且游出高超的技术。游泳，被认为是最好的运动，不分老少年纪大小均宜，大师好的游泳技术，确实鲜为人知。

大师喜欢运动的性格，未曾因环境而有所改变，慢慢地，就把兴趣从游泳转移到乒乓球上。但因早年在栖霞山常住及佛学院不准打球，有好几次被师长发现而遭没收了球具，对打乒乓球之执着可见一斑。

但后来发现打乒乓球还是不够刺激，就改打篮球，大师无师自通，自制篮球架。后因佛学院不准打球，就告别栖霞山到焦山。虽然焦山位在长江中心，但却不再下水游泳，因怕佛门师长不许可，但大师对运动打球的热爱，始终如一，丝毫未减。

推动体育运动在佛教生根

大师来台后，曾在新竹青草湖灵隐寺“台湾佛教讲习会”担任教务工作，很鼓励学生打乒乓球、排球。到佛光山开创后，就和沙弥们在东山设一个简易篮球场，鼓励打球运动。每年农历七月供僧法会，也会举行一场“无量寿杯篮球赛”，这是佛光山一年一度的“奥林匹克运动会”，山上各单位及别分院徒众，各组球队，彼此较量一下，持续二十几年未曾间断过。

大师创办学校，也积极鼓励学生投入运动，参加比赛都有很好的成绩表现。如：普门中学国中部、高中部女子篮球队在二〇〇三、二〇〇四年成军，在二〇〇九年即获得全台高中篮球联赛（HBL）冠军。佛光大学女子篮球队也在二〇〇七年获得全台大学篮球联赛（UBA）甲二级冠军，诚然不易，有大师之鼓励和感召，球员不仅球技好，其品德增进也同获重视。

二〇〇九年大师再成立"三好体育协会"，推动全民体育运动，净化社会风气，并借各项运动竞技活动，接引青年学佛。大师因热爱体育，支持体育运动，在二〇〇八年北京世界奥运会时，获"行政院""体委会"之礼聘，担任中华台北代表队总顾问出席开幕式。

提倡佛光读书会、增长大众智慧

大师在二〇〇二年一月正式成立"人间佛教读书会"提倡书香人间，推动全民阅读，本着"学海无涯、学无止境"的认知，要大家养成"活到老、学到老"的精神和习惯，希望人人勇猛向前，追求精神食粮，以提升社会的和谐，促进人间的和平与美满，这是何等的大愿！

大师因为出生在扬州一个穷苦的农村家庭，因为贫穷从小没有进过学校念书，至今连一张毕业证书都没有。到了有书可以读的时候，已经超过学龄了。直到十二岁那年，在栖霞山剃度后，进入栖霞佛学院就读，读书成了大师生命中的重要食粮。

读书成就自己

大师认为读书可以改变气质，可以树立形象，借由读书可以认识自己，也能扩大自己的世界，增广知识与见解，使人明白做人做事的道理。人不读书，不仅肤浅无知，全身充满俗气，活着像行尸走肉一般，又好像吃饭没有菜肴一样无味。大师更指出读书就像是在阅读人生，唯有透过读书，知识才能永远存在您的心里，即佛教所说的八识田中，读书的种子，会埋在我们心里，因缘聚会时它会成长、开花，也就是所谓“开般若花，结般若果”。大师的智慧和前瞻告诉了我们“读书就像站在巨人肩膀上，可以看得更高更远”。

今天全世界人间佛教读书会，已有二千多个了，打造“书香社会”，一直是政府宣导的社会改造运动，但其成果却不如大师振臂一呼来得有效果。

读书要生活化

大师曾提出“生活书香化”，希望大家在世间生活，不能只为了三餐温饱，不能只是追求物质、金钱、爱情等五欲尘劳，生活应要有般若、知识，要充实自己的气质内涵，要找出自己的真心佛性，要懂得营造生活的乐趣，要重视生活的品质。这其中唯有多读书，使生活有了书香，才能够让自己的人生过得有意义。

所以，大师认为读书要给人读的欢喜，还要跟生活结合，读书不限定在室内，可以在咖啡馆、餐厅，甚至走入大自然、山林水边、树下，都是读书的好地方，只要给人读的喜欢受用，就会有人肯来。

大师这番对读书乐、乐读书之开示，令人感佩。读书不能强迫，启发读书的兴趣，让人觉得读书可和生活结合，这读书的驱力就产生了。学校教育又何尝不如此？只要教师教导的内容，能引发学生学习的兴趣，还怕学生不想读书？大师对学习心理学真是探研透彻，一语道破今日学校教育问题所在。

读书会快速成长中

目前人间佛教读书会，如雨后春笋般到处展开，先后在海内外成立“山水读书会”、“社区读书会”、“好邻居读书会”、“嬷孙读书会”、“婆婆妈妈读书会”。还有“经典读书会”、“艺文读书会”、

“双语读书会”、“空中读书会”、“玉山读书会”等。在各级学校中则推动“班级读书会”。这些读书会，已成为全球华人社会中最庞大的读书会群。大师的大愿，鼓励大家读书，看来正如火如荼地扩散成长，令人感动又感佩！

发起云水书坊、倡导行动书馆

二〇一二年十一月，大师发起“云水书坊——行动图书馆”。将书本送到偏乡，将知识送到家中，给偏乡小孩带来了爱和欢欣。大师慈悲胸怀，不忍乡间小孩文化刺激不利，所带来的贫穷再造，鼓励乡下孩子多读书，多成长智慧，令人感佩。

大师也感受到，当五十部云水书车浩浩荡荡地开到偏僻的乡村，山间穷苦的学校，满车的书香，带给孩子无限的希望，让那村民、学子的弦歌，唱得更为动听了。的确，大师想到众生平等，但是，在都会区的孩子成长较为幸福，有较好的文化刺激，在偏乡的孩子成长就较为辛苦，因为文化刺激不利，让他成长开窍的机会缓慢了，或消失了，这对他是不公平的。

因此，佛光人乃发起捐书运动，将看过的书，如果不再看，可捐出，或捐款赠书给云水书坊，透过云水书车五十部，每天穿梭在偏乡远处，让乡下想看书的孩子，有机会接触到好书，可享受智慧成长的乐趣。

每一部云水书车，就像一部行动图书馆，它是爱心的表现，是知识的展现，给孩子无限的希望和未来，大师对教育的爱是永远无止境地在默默布施，不分对大人或小孩。

揭示佛光人典范——修行成己利他

佛光山是一个行解并重的菩萨道场，所有佛光人都秉持着“给人信心、给人欢喜、给人希望、给人方便”的工作信条，从自身的行持，进而扩大到利他的菩萨道修行，以实际行动来昭示自己对信仰的坚定。

大师在“怎样做个佛光人”十八讲中，揭橥了他对佛光人的期许，这是典范人格的教育，是完美人生的修为开示，是当今社会清流的理想国度。

大师有成人利他的崇高人生思维，“怎样做个佛光人”，其实，也是在期勉众生社会为人处事的方针，谨举隅见证大师对众生修为的期许如下：

第一讲：“佛光人是常住第一，大众第一，事业第一，佛教第一，自己第二。”可见大师勉人，一切为宗教，一切为苍生，自己则可第二考量。

第二讲：“佛光人要先入世后出世，先度生后度死，先生活后生死，先缩小后扩大。”大师之人生观，乃期望为人要入世，关注周遭，先关心生活的价值和意义，再思索死亡问题。

第五讲：“佛光人要有宗教情操，要有因果观念，要有惭耻美德，要有容人雅量。”大师的开示，为人要有因果观念，要有为善行善之决心，不耻为恶，要有包容他人之雅量，让社会更好。

第六讲：“佛光人要有为教的忧患意识，要有为道的笃实心态，要有对事的敏锐觉知，要有为众的慈心悲愿。”大师鼓励大众要为正道，为宗教付出努力，对事要用心投入，对人要慈悲助人，一切都是利他出发，希望社会发展更好。

第七讲：“佛光人以佛法为重，以世法为轻；以道情为重，以俗情为轻；以实践为重，以空谈为轻；以是非为重，以利害为轻。”大师鼓励世人重视佛法，强调道情，重视实践，勿徒托空谈，重视是非心，勿以利害为念，社会如能做到，必然祥和温馨，幸福美满。

第九讲:“佛光人身语行为要有社会性,弘法利生要有使命感,五欲六尘要有自制力,做人处事要有公德心。”大师勉佛光人要有社会公德心,对社会要有使命感,要能克制自己之私欲贪念,诚然一语指出今日社会上问题之症结所在,及勉励大家努力之社会心理建设目标。

第十讲:“佛光人生活要佛法化、信仰要理智化、处事要平和化、修持要落实化。”大师开示生活要佛法化,有信仰就不会为恶,而信仰不应迷信,要正信理性,处事不可暴力相向,要平和对待;修心养性,要切实实践,不是表面为形式虚应而已。

第十二讲:“佛光人要给人信心、要给人欢喜、要给人希望、要给人方便。”大师强调正向思维,看到光明面,让大众欢喜做事做人,事事有了信心,有了希望,且能与人为善,开方便之门,让大家高兴。

第十三讲:“佛光人要能不忘初心、要做不请之友、要肯不念旧恶、要懂不变随缘。”大师心胸宽广,勉人不念旧恶,诚然不易,能不念旧恶,就无敌人,就没有恶斗,祥和社会才有可能。大师也勉励大家不忘初心,不受后天污染,永远清流常在,社会长久温馨。

第十四讲:“佛光人要有以众为我的认知,要有以无为有的思想,要有以退为进的雅量,佛光人要有以空为乐的观念。”大师要我们视人如己,要有人性化的人生观,不贪不私,以退为进,令人感佩!

第十五讲:“佛光人要发挥集体创作的成就,要坚守非佛不做的信念,要认同制度领导的精神,要遵从唯法所依的准则。”大师强调制度建立的重要,强调法规遵循的必要,强调一切不悖佛行,强调合作创新,都是社会新秩序所必需。

第十六讲:“佛光人在生活上要随遇而安,在修行上要随心增上，在社会上要随缘不变，在处事上要随喜结缘。”大师之开示，指出大众生活方针，要随遇而安，要淡定知足，要做好修行，要随缘不求，要广结善缘，以利己利人。

第十七讲：“佛光人要像千年老松，禁得起岁月寒暑的迁流；像严冬腊梅，受得了冰天雪地的考验；像空谷幽兰，耐得住清冷寂寞的凄凉；像秋天黄菊，熬得过寒霜雨露的摧残。”大师之期勉，令人感佩，要大众坚毅卓绝，再辛苦的环境都坚忍百忍，不可被环境击垮，要吃苦耐劳，耐寂寞，不怕被打击，要经得起环境考验，吃苦就是吃补。

第十八讲：“佛光人要自我观照，反求诸己；要自我实践，不假外求；要自我更新，不断净化；要自我离相，不计胜负。”大师要求大众，求人不如求己，能自我观照，反求诸已，一切会更心安理得，要重实践，说多不做，仍难有成；要不断自强不息，超越自我提升自己；要不断求新求变，创造更好之未来人生。

大师对佛光人之期许，甚为周全。从修身修心、齐家治国、平天下皆兼顾，从内心修为，到外在践行都盼能齐备，从修己正心，到成人利物，都可实现。大师学海之渊博，思虑之周密，用心之诚挚，格局之宽阔，皆非一般俗辈闲人可望其项背的，有大师对佛光人之惕勉，更而社会大众都皆效法实践，这个社会一定会更美好、更温馨。

创建佛光山宗教圣地、弘佛法度信众

大师建立佛光山宗教圣地，数十年来多少人朝山礼佛，受到感化，使人因亲近佛法而变得自我精进，提升自己人生之了悟与幸福。

大师曾提到“为什么要创建佛光山”这是一般大众常问的问

题，其实“一切都是为了佛教”。

因此，佛光山之一切建设都是以广大在家信众作为考量，让来朝山礼佛的护法信徒，皆能感受到佛陀的加持，能体验到佛陀的慈悲，而更深信佛法无边，从佛陀之膜拜中，找到自己人生正确方向，而不再迷失自我。

大师创建佛光山有四大宗旨：“以文化弘扬佛法，以教育培养人才，以慈善福利社会，以共修净化人心。”大师也指出佛光山筹建开山有四个理念：“一是以退为进，二是以众为我，三是以无为有，四是以空为乐。”此乃今天佛光山人的人生观。

大师更进一步指出佛光山之服务精神是“光荣归于佛陀，成就归于大众，利益归于常住，功德归于信徒。”

大师虽因佛光山宗教圣地，而受世界各地佛教人士之尊敬，但大师没有一天不再为佛法大乘广传用心发扬光大而努力。因此，大师指出开山不易，要打开心的觉悟之门更难，只有知道并体会了开山的历史和精神，让自己的心力如同开山那一代人那样的发心立愿，直下承担，才能永远沐浴在佛光里。今天到佛光山礼佛的信众络绎不绝，佛光山带给大众心灵安祥，法喜充满，让社会更祥和安定有序进步，宗教力量真的无限伟大。

建佛陀纪念馆，成就百年佛缘

佛光山佛陀纪念馆在辛亥革命一百周年正式揭幕，这是大师送给我们最有意义的礼赞，将会是最值得纪念的一件大事。

大师认为佛陀并不需要人们礼拜供养，但是众生需要借由礼拜圣贤启发善念、净化心灵，这是大师建设佛陀纪念馆的本意。大师也进一步指出，供奉佛陀的真身舍利，并不是要强调舍利的神妙，而是希望让大众借由礼拜，将自己的心化为佛心。

佛陀纪念馆花了十多年的时间筹备，经过三年多的建设，大体完成，自二〇一一年十二月二十五日落成开幕迄今，一年之中已有上千万人来此参拜了。

佛陀纪念馆之兴建，是一种善因善缘的结合，由于佛光山在世界佛教交流、促进宗教融和等方面，做了很多努力，被世人肯定佛光山是弘扬人间佛教的正派道场。因此，贡噶多杰仁波切乃决心将其守护的佛陀真身舍利赠予大师，他相信大师有能力护持佛陀舍利，但需有更大之空间保存。泰国僧王颂德雅纳桑瓦喇曾经语重心长告诉大师："佛陀舍利很小，不过它需要的地方很大。"这一番话更坚定大师建设佛陀纪念馆的决心。

当年佛陀舍利由大师迎回台湾供奉，不但是台湾佛教界的一大盛事，也能让社会大众借由礼拜佛陀舍利人人"心中有佛"，提升人格道德，进而带来社会祥和，世界和平。因此，大师的福报让台湾人民及全世界的有缘人，有机会到佛陀纪念馆来礼拜瞻仰，感受佛陀的加持庇佑。

大师认为佛陀纪念馆是十方的、是大家的，只要有人需要它，谁都可以来亲近它。它是文化的、教育的，无论个人、家庭、学校、机关团体，谁都可以在这里聚会联谊，可以在这里游艺教学，共同见证感受世间的善缘美好，大师的福报，分享全世界有心亲近佛法的人喜悦。

结语：明心见性，佛光普照

大师一生充满传奇性之成就，从早年出家辛苦学佛，到今天建立了佛光山宗教王国，在世界佛学宗教界广受敬重。大师的博学、著作等身、传法立说，到处受人欢迎，不只在台湾各地，在海外更广布道场、弘法利生，让更多人对佛教有正确认识。尤其人间佛教之宣道，将宗教和生活结合，让社会大众了解佛教的入世思维，对佛教之广布传法，助力很大。

大师将宗教和教育结合，从幼儿园、小学、中学、高职、大学，广设学校，让教育培养人才，让人才为为社会、为宗教服务，功在社会。大师也因在佛教深具影响力，将宗教力量扩大到大陆，让两岸和平发展，经由宗教交流而能更深入笃实稳定的发展。

大师引导佛光人的善行义举，让国际佛光会能在世界各地布施，慈恩广被，让教育、慈善、医疗、文化、卫生等布施，因佛光人之慈悲博爱而被感受到。“三好运动”深入民心，“做好事、说好话、存好心”，让社会更祥和温馨。公益信托基金会每年表彰各行各业杰出人士，让好人不寂寞，社会明天会更好，正向思维，光明思想，给人欢喜，给人希望、给人方便。大师真的是“人间佛教、一代宗师”，令人永远尊敬感佩，大师“百年佛缘”奇迹，如同“佛光普照大地”，给了世人无限的希望和欢喜。

阅读的感动

台湾文学馆馆长　李瑞腾

李瑞腾，一九五二年生，台湾南投人，中国文化大学中国文化博士。曾任"中央大学"中文系主任、文学院代理院长、图书馆馆长；现任"中央大学"中文系教授，现代文学教研室及琦君研究中心负责人，兼九歌文教基金会执行长、台湾诗学季刊社社长、全球华文文学星云奖评议委员会主任委员、台湾文学馆馆长。著有《晚清文学思想论》、《台湾文学风貌》、《有风就要停》等二十种，并编有多种文学丛书。

第一次见到星云大师是在一九八八年作家冯放民(风兮)往生告别式上,地点是台北市民权东路的普门寺。那时他六十初度,法相庄严,已是一代高僧。我任教淡江大学中文系,兼《文讯》总编辑。参与他主持的佛化丧礼,当然只能远远望着,从现场活动状况,我感觉到他和文坛人士颇为亲近。

第二次似乎近了些,那是一九九一年,佛光山文教基金会支持中国古典文学研究会办了一场文学与佛学关系研讨会,我是理事长,会议在我刚转任的“中央大学”召开。星云大师没能来参加,会后于普门寺以素斋宴请与会学者,我本应是主客,唯因欠缺与出家人往来的经验,有点退缩,失去请益的机会。

此其间,我曾看过刘枋与陆震廷编的《我们认识的星云大师》(台北:采风,一九八七)、陆震廷著的《人间佛教与星云大师》(台南:中华日报社,一九九二),对于星云大师的云水人生与文坛因缘,有了比较多的认识。

对于佛光山曾助我办成研讨会一事,我始终感念;对于与会的几位比丘尼之器度威仪,留下深刻的印象。唯未研释典,加上深陷尘网,佛缘短浅,没能有机会亲炙佛光山。直到二〇〇〇年,星云大师创办了《人间福报》,我妻锦郁奉命采访大师,我们迄今留存刊出访问稿的《联合报》副刊,锦郁与大师的合影亦恒置于客厅柜中。因这样的因缘,锦郁稍后亦兼领福报艺文组,我于是有更多的机会和该报互动,成为他们长期的作者和读者,一共写了三个专栏,十余年来没有一日不读福报。

在自己办的报上,星云大师陆续写了一些专栏,如《迷悟之间》、《星云法语》、《人间万事》等，皆已成套书，字里行间充满智慧。我们知道，星云大师今只写一笔字书法，成篇的文章都是口述，他博闻强记，且擅长叙说，再加上有一个阵容坚强的书记室，因此各篇内容皆极丰富，主题集中，为可实践之人生哲学，读来易生感悟，且有亲切之感。

我想，《百年佛缘》应是星云大师口述之集大成者。

二〇一二年九月，"国史馆"出版大师口述的《百年佛缘》四册：行佛之间、社缘之间、文教之间、僧信之间。大师佛缘之口述进入"国史"，说明佛光山开山以后宗务之开展，已是台湾佛教史的大事，亦即星云大师在台湾的佛教事业，已是台湾文化志的重要篇章。

才没几个月，这套书竟扩编成十五本，除行佛、社缘、文教、僧信皆增多篇数，更增生活篇、道场篇、新春告白及别册，前者称"国史馆初版本"，后者称"佛光山增订本"。

基本上，这是一部以"我"为中心的大传记："我"是一个什么样的人（生活篇）？"我"和社会各类人的关系如何（社缘篇）？"我"的文教事业如何（文教篇）？"我"和佛教各界人士和众弟子的因缘如何（僧信篇）？"我"如何在全世界各地建立道场（道场篇）？"我"的佛教事业和有关佛教公共事务的参与如何（行佛篇）？"我"既是星云大师，也是佛光山。星云大师用最简单的话语告诉世人，他如何学佛？如何得道？如何弘法？如何发展他的佛教事业？如何推动人间佛教？

我在阅读的过程充满感动，譬如说，关于百万人兴学的故事，那到底是一场什么样的运动？譬如说，澳大利亚南天寺的海鸥，那究竟是一场什么样的因缘？前者因人的聚合而生力量，后者反映出人与自然的和谐共生。让我感动的并非修辞之美，而是素朴文字背后的理念和行动。

我仿佛见到一位智者，他慈悲而有勇气与毅力，永远有解决难题的能耐，许多革命性的创举，不必发表什么宣言，在静默自如中即已完成。他总能执简驭繁，举重若轻，令人赞叹！

我也看到自己的名字出现在几个地方，指的是同一件事，即成立公益信托星云大师教育基金，举办全球华文文学星云奖。我很高兴能协助大师推动文学的发展，愿追随他做更多有益于社会人心之事。

一瞬点亮万古长空

知名作家　林清玄

林清玄，一九五三年生，台湾高雄旗山人。曾获台湾的各项文学大奖，作品受到广大读者欢迎；《打开心内的门窗》等有声书，被誉为有声出版品的创作典范。三十岁之后，散文逐渐转为短小精练又清新平易，用流畅优雅的文字呈现出浅白的佛学哲理，所写的“现代佛典系列”、“菩提系列”与“身心安顿系列”都曾打破销售纪录，成为当时最畅销的书。重要作品有《温一壶月光下的酒》、《白雪少年》、《浩瀚星云》等。

二〇一〇年，星云大师嘱我到扬州鉴真图书馆演讲，顺道前往大觉寺、栖霞山寺、高旻寺、寒山寺、灵谷寺等古寺，对佛学夏令营的大学生演讲，我欣然应命，因为扬州是大师的故乡，而几座古寺都与大师有深刻的因缘。

那是一段美好的旅程，我穿梭于古今的丛林，与来自中国各地的出家人、大学生相会。

几乎在每一个寺院，都会面临相同的问题："台湾的佛教为何如此兴盛?"我说："那是因为一九四九年动乱的时代，许多了不起的出家人到了台湾，经过五十年的弘法兴化，振兴了佛教!"

"你觉得影响最大的是哪一位法师?"

"当然是我的皈依师星云大师了!"

我简单地列举了星云大师对台湾的影响，他超越了中央山脉，到东部去建寺弘法，使蛮荒的东部成为佛教宏传的重镇；他又跨过浊水溪，到南部高雄创建佛光山，成为台湾最大的佛教道场；他又走向了世界，足迹踏遍五大洲，在每一个重要的西方城市，都创建了寺院。

他创办了人间卫视电视台，他出刊了第一份由佛教界创办的报纸《人间福报》，他重编大藏经，出版了无数的作品。

他办了好几间佛学院，培养无数的僧才。在台湾的每个县市都有佛光山的道场，他重视教育，创建小学、中学、大学，甚至在美国办了一所西来大学，在澳大利亚办了南天大学。

他长期投入慈善救济，救苦救难，全世界只要有苦难的地方，就有佛光山的义工。

如果要我一一列举星云大师对佛教的贡献，就是七天七夜也无法尽数，我每说起，来自大陆各地的出家人与大学生，眼中都闪烁着羡慕的光芒。

我很幸运在小的时候就皈依星云大师，六十年来，我生平仅见如此伟岸的佛教巨人，如果不是星云大师的坚持、努力、创建，台湾佛教不可能如此恢宏！

特别是在扬州的鉴真图书馆和大觉寺演讲时，我的感触更深，相隔一千年，扬州诞生了两位震古烁金的大师：鉴真与星云，这是多么难得的因缘。

在青年时代，我就希望能为师父写一部传记，传述他的伟大历程，因为师父太忙碌了，因缘始终不契，一直到十几年前，我才透过圆神出版社的简志忠兄，探询写传记的可能，没想到师父一口答应。

于是，在近八个月的时间，我每星期就与星云大师访谈，往往从清晨谈到中午，一起用膳、经行，再从中午聊到黄昏，才依依不舍地向大师拜别。

师父无所不谈，他的口才很好，直抒胸臆，不必修饰，整理出来就是一篇好文章，他的记忆力奇佳，七八十年前的事情，一丝一缕还历历如绘，有时候提到人名，一天可以说出上百个名字，令我惊奇不已。

那一段时间真是幸福呀！等于随着大师的步履，去探访历史的轨迹；也是站在巨人的肩膀上，去观察世间的沧桑。

我把星云大师的口述整理成书，就是《浩瀚星云》。

为什么取这个书名呢？因为只有“浩瀚”两字，能形容星云大师的人格、志业，以及对佛教的巨大影响。而做为一个弟子，我心里想对师父说的是“在浩瀚的银河，您是最美的星云！”

我感到遗憾的是,《浩瀚星云》写了二十万字,却仍然无法尽述星云大师的功业,即使我收集的材料,也有很多写不尽的内容。

我常常想:可能要一百万字,才能更完整书写星云大师的功业,谁能弥补这样的遗憾呢?

一直到我花了一个多月读完《百年佛缘》,这个遗憾才补足了。

《百年佛缘》是星云大师的口述历史,所以是最传实的,许多从前转述于民间的一些恩怨情仇,大师都一一阐明,毫无保留和隐晦,我不知道别人读来如何,我读起来是惊心动魄!

星云大师娓娓道来,仿佛云淡风轻,回到历史现场,却令人吓出一身冷汗。例如:

差几分钟就可能被枪毙!

在白色恐怖年代,几次遭逢大难!

刚到台湾受人轻蔑,连一餐饭也吃不上,连一件僧衣也没有!

长期在佛教会里受到排挤,连立足的地方都没有!

在宜兰和高雄建寺的艰辛与考验,被地方人士的欺凌与误解!

不只是惊心动魄而已,许是因为感同身受,想到师父的遭难,几度使我忍不住落泪。像星云大师这样乘愿再来的大士,都要历经这么多苦难的考验,何况是我们一般人,受一点折磨简直就是应该的!

《百年佛缘》是星云大师把一生的经历完整披露,等于是送给弟子和众生的礼物,使我们透过杂事杂忆,触及一个伟大的心灵,我写《浩瀚星云》时留下的遗憾,在这部书里得到补足了。

从佛法的观点,百年只是一瞬,人生也只是一朝风月,一瞬间很短,但在电光石火中,我们看见绚烂的夜空,永铭于心,就点亮了万古长空!

百年犹一瞬，无尽是佛缘

“考试院”考试委员　何寄澎

何寄澎，一九五〇年生，河南扶沟人，出生于澎湖，台湾大学中国文学博士。现任台大中文系教授、考试委员。专研古典散文、当代散文，曾任《台湾日报》副刊、《联合报》副刊专栏作者，并屡任台湾各文学奖散文类决审，又主编高中、职国文课本。致力学术研究、文学创作，著有《当代台湾文学评论大系(5)散文批评》、《等待》散文集等。

虽然大学时曾参加佛学社，也担任过一年的社长，但除了办几次佛学讲座，帮助二三位清寒同学申请佛学奖学金外，没有任何功德可言，而随着卸任，不知不觉也就离开了佛学社，由此看来，我的佛缘是浅的。十年后，我返校读博士，因为研究的需要，涉猎了一点北魏的佛教，也特别注意唐宋古文家与佛教的关系，更从北宋契嵩禅师的著作里见识到僧侣为宣扬佛教所用的苦心。

坦白说，也许是自幼浸染儒者用世思想的缘故，我对佛仍没有特别的感觉——如果一定要说有什么相关美好经验，那就只是读王维诗所获得的静、净、悟的心灵美感——但那种美好究竟与佛有多少紧密关连，恐怕也甚难言，并且言之不明了。佛于我依旧是如雾中之花，我的佛缘还是浅的。又过了十余年，自己世俗的事功尚差强人意之际，突有佛教大学来邀前往服务，唯因校际制度之限制与难自在于那太浓厚的宗教氛围，终究还是婉谢，我的佛缘毕竟是浅的。

这样的情形于近二年似乎有些微妙的转变。

在李瑞腾教授的邀请下，前年起我参与了“全球华文文学星云奖”的评议工作，也开始了与佛光山较频繁的接触。对佛光山，我原本只从简贞《只缘身在此山中》的散文里得到如浮光跃金般的印象，而较深刻的也只是他笔下那些亦佛亦侠的法师身影而已。但如今让我由衷欢喜的是，当年书中亦佛亦侠的法师身影，二十年后竟无丝毫改变地继续闪耀在我初识亲见的诸法师身上。我心里想，仅此一相，即可知佛光山之宽宏深邃矣！后来，见到大师，聆其言谈，平易中具丰厚，亲切中具庄严，日常中具睿智，心中的欢喜又化为极真切静定的敬服与享受，那感觉只合以如拂春风、如沾春雨、如沐朝阳形容。那一晚，也是我初尝佛光面的滋味，洁白如玉的碗、洁白如玉的面、洁白如玉的豆汁。唉！所谓佛之光辉不正是此一“洁白如玉”吗？既无一点尘埃，亦尽都是温润。

近一年中，我曾三度到佛陀纪念馆。三次不算多，但就我长年于滚滚红尘中日日案牍劳形的情况而言，出履一地已属不易，何况一地三履！而无论是私人前往或公务参访，每回都是一次心灵的净化、智慧的增长、精神的升华——这于我而言，更是久已不曾有的充实感受。

我因此忆起昔年讲授丰子恺散文的情景。丰氏为弘一大师李叔同弟子，他的散文朴实无华，但芥子须弥，往往一粒沙中见世界、一朵野花里见天国。我每次览读都有冷泉洁身净心之感，而后于凉冷中亲受氤氲而起的暖意——那真是如苏东坡所谓“也无风雨也无晴的‘平静’”，而就在无风无雨无晴的平静中，一切都圆满了。佛陀纪念馆的廊道上绘的正是丰子恺的护生画集，时光虽间隔有截，而感受如此相融遥应，冥冥中仿佛传来绵绵的空谷跫音，心中不由惊悟，这是何等奇妙的因缘！

这之后，奇妙的因缘一再发生：就在我已过耳顺之年却犹自对前路有些困惑犹疑时刻，竟于佛陀纪念馆得一法语诗云：“抛却身心见法王，前程不必问行藏。但能识得娘生面，草木丛林尽放光。”当下如释重负，瞻顾烟消云散。大年初五，我至台北道场礼佛，并请觉元法师为家人代点光明灯，其中包含我久病失忆的岳母。三月六日，内子携点灯后的精美符记回娘家，岳母竟在子女、医生环绕却全然预料之外，安详辞世。我内心深信，岳母大人必在光明灯的照引之下，解脱折磨、摆落苦厄，往生极乐净土，当时心中无有悲伤，只有祈愿与祝福。

多年以前我曾撰《偶然与必然》一文，记录自己对变化莫测、相依相伏、相激相成人生的感怀。年岁愈长，愈觉一切的偶然其实都是必然的，也就渐渐明白古往今来的圣徒、智者，何以如此珍惜因缘、怡然随缘。其实惜缘必发乎善而归乎善，而随缘则非但不苟且消极，反正见超然与豁达！生命能如此，固仿佛花开水流，莫不灿然冷然！这样的体会，或许也正合大师所谓“一树花果，万千因缘”的真谛吧！

无论在佛陀纪念馆、佛光山台北道场，或阅读《百年佛缘》，我最爱默诵品味大师的法语，简单平常的一词一句，让人既有无限启发，又有无限安慰；既因之惕励而自振，复因之洒然而自在。比如：“享有就好”，示现何等知足、何等感恩之情！以此面对生命的起伏转折，莫不能拈花微笑以对。又如：“众中有我、我在众中”，示现无限谦卑、无限慈悲之意，怀此面对人世的疏隔分别，亦莫不能颔首敛容以化。至于“登高望远，飞扬十方”、“举重若轻，收放自如”，则豪雄儒雅、昂扬悠然兼而有之，又是何等器度、何等人格！人生如此一路走来，“行到水穷处，坐看云起时”，复正是大师“云水行脚，日月禅心”的境界。于是，平凡正所以见其不平凡。

如今，我的案头长置二套珍贵书籍：《星云大师演讲集》以及《百年佛缘》。夜帷四垂，独坐灯下，顺页随喜而读，永远带给我温然的感动、郁然的自足、廓然的开悟；更令人倍感亲切的是，你因此能够如此无时空距离地一点一滴进入大师的生活、生命、思想、性情。读他写母亲、写童玩、写食衣住行，竟仿佛自己的回忆、自己的生活。原来大师和我们都一样，我们也和大师都一样——是一个众所同然的真实的“人”。（我中有师，师在我中；众中有师，师在众中。）但读他写老幼善缘、写侍者群像、写与他有关的动物、写一生如何的忍、写如何管理佛光山、写对当代人物的评议，则其慈、其悲、其智、其慧、其仁、其勇，又远非我们所能及；唯奇妙的是，敬服之余，又油然可以激起我们“虽不能至，心向往之”、“舜何人也？予何人也？有为者亦若是”的志气。这时，即便是寒冷的冬夜，也会有身在煦和春日的幸福感。

也许我的佛缘还是浅的！但一步一脚印、一字一开示，只要本质的善，与真、与美，随岁月的恩赐而日益归返，菩提之境或非渺不可及。百年虽长，于天地言，不及霎那，但佛缘随处无有，生生不息，因以“百年犹一瞬、无尽是佛缘”题称本文，以见愚者一得，并志对大师其人其书的礼敬。诞谬难免，信众恕罪，而大师则必不唯不责，甚且有以嘉之也。

台湾的奇迹——星云大师

“中央大学”认知神经科学研究所所长　洪　兰

洪兰，一九四七年生。曾出任台湾公视董事。现任“中央大学”认知神经科学研究所教授兼所长。多年来致力于脑科学的研究，以及相关知识在教育的应用和推广。为了提升华人对于生命科学新知的接受度，已经将四十多本科普英文书籍翻译为中文。积极推广阅读风气，译著《脑内乾坤》以及著作《顺理成章——希望，给生命力量》等十多本书，曾获选为金石堂书店“年度出版风云人物”奖项。

韩愈说,“化当世莫若口,传来世莫若书”,重要的观念其实用纸笔传播得更远。这套《百年佛缘》虽然厚厚十五大本,但因为是大师口述,弟子作记录,所以相当口语化,读起来不辛苦,它很真实地记载了佛教在台湾的发展,尤其是后来发展成人间佛教的过程,其中的艰辛若不是大师亲身经历,娓娓道来,实在很难想象。

我小时候常陪我外公晓凡居士去台北市济南路的华严莲社听南亭法师讲经,外公说我有慧根,让我皈依三宝,法名叫慧全。印象中,学佛的都是老人或失意的政客,心中一直觉得佛教是消极的、出世的,它讲求四大皆空。因为会看破红尘的人,本来就是什么都没有的人,所以才会赞成四大皆空,所以虽然每周都陪外公去听经,却没有听出什么心得来,这个偏见一直到我看了大师的《百年佛缘》才知道“空”的意义不是一般人所谓的空,佛教的空是“有”的意思,茶杯空了,才能装茶;房间空了,人才能进住;眼耳鼻舌空了,人才能存在,这是何等智慧的解说,让人心悦诚服。

外公在我念大学时过世,他过世后,自然不须陪了,我也就没有再去华严莲社。不久毕业到海外,一去就是二十二年,当我再回到台湾来教书时,佛教已经跟我以前看到的很不一样了,它变成积极入世、服务社会,教化人心,而且年轻人居多的宗教了。我心中相当好奇,这二十年中间的变化为何这么大,在基督教圣诞节可以放假去跳舞的时候(那时叫“行宪纪念日”,不过大家都晓得是放圣诞节假),居弱势的佛教在台湾如何兴起的这么快?还广设学堂?直觉上是个不可思议的事。从这套《百年佛缘》中,我才了解,佛教在台湾有今天的局面是大师一步一脚印努力的结果,天下没有侥幸之事，要成功只有勤奋、诚恳、努力，没有捷径。看到书中大师在宜兰成立青年佛学社、幼稚园、吟唱班，在全省各地奔波弘法，佛教能在台湾成为大家心灵的寄托，并转入积极入世的服务，真是不容易的事。当然，这跟大师的人格特质有关。

做一个领导人，最重要的是理念与人格，即所谓的胸襟与抱负。我了解为什么信徒会追随大师，因为大师有海纳百川的胸襟。例如，大师在宜兰接办基督教设创的兰阳救济院，因为它原是基督教的，所以进门之处有一块“感谢天主”的石碑，有人要把它除去，大师反对，说“历史不可毁灭”。这是非常不容易的一句话，因为宗教的互斥性很高，历史上最残忍的战争就是宗教战争，大师愿意保存基督教的碑，因为它是这个救济院过去的历史，而历史是不可毁灭的。

小时候念到“岂容青史尽成灰”的句子时非常感动，我一直对据实写出历史、保护历史的人很敬佩，因为当代人的责任是真实记录，其他的是非功过是留与后人判断。人只有一双眼，无法看透三百六十度的全面真相，尤其所谓的“真相”是受到自己观点的影响，眼见不一定为真。但是每人写下自己看到的一面，给后人一个机会看到全面，这才是真正对历史负责。大师的高瞻远瞩和气度是令人敬佩的。

其实，有些旧观念应该要改，一般父母会告诫孩子，不可碰宗教和政治，一碰会伤感情、反目成仇。我每次听到这种话都觉得为何不鼓励孩子容纳异己，加大自己的视野呢？受教育的目的不就是要我们抛开情绪的偏见，理性地来看待事情吗？在这世界上，很遗憾地说，能够容纳异己，一起坐下来就事论事的人不到五个，大师是其中之一，单国玺枢机主教是其中之二。在书中看到灵粮堂的人不许大安森林公园内有观音像，比对大师和单国玺枢机主教对谈的画面，令人唏嘘，这种才是真正有宗教家情怀的大人物。

大师是目前台湾真正实践“菩萨道”的人：“众生无边誓愿度，烦恼无尽誓愿断，法门无量誓愿学，佛道无上誓愿成。”大师看到佛道不走入民间、不深入民心就不可能弘教，所以他不畏辛苦，不忧谗畏讥地朝这条路走去。佛光山刚成立时，我还在台湾，对台湾是否有这么多的信众去支持一个“山”颇有怀疑。一九七五年，我婚后第一次回台湾去旗山拜见公婆，我婆婆是虔诚佛教徒，便带我上了佛光山，那时完全没有现在的规模，但是已有“众志成城事必成”的感觉。这次看《百年佛缘》深切感到佛光山是台湾的奇迹，它以寺庙为本，兴学、教化人心，做的不比政府少，难怪大师说，佛光山是人间的，要致力推动人间佛教；佛光山是团队的，要结合僧信二众共同发扬；佛光山是开放的，非一家一派的，只要心怀全佛教且是贤能者，不分你我地域，共同发扬佛光精神；佛光山是传承的，住持任满后再由贤能者接任，人虽有南北，佛性无南北。最后这句“选贤与能”其实就是《礼运·大同篇》的理想，没想到三千年前的治国理想在佛光山中实现了。

看完全书，觉得佛光山能成功地将传统佛教转型为人间佛教，将人心导向善，主要是大师看到了青年的力量，组织了佛教青年队去全省各地弘教，让人看到佛教的活力。他也有勇气将深奥的赞偈改为唱歌，因为只有懂才走得进佛的世界。

天下事很少因为一个人而成功，但是它却会因理念的契合、心灵的感召而化腐朽为神奇，所谓“千人同心，则得千人之力；万人异心，则无一人之用”。这部书不只是佛教的发展史，它是一部励志的好书，它是另一个“南海和尚”的例子，是“苦心人天不负，有志者事竟成”的榜样。

何等殊胜的因缘

国际佛光会中华总会副总会长　赵翠慧

赵翠慧，一九五二年生，台湾桃园人。目前担任周大观文教基金会副董事长兼执行长，以及佛光山的檀讲师。宣扬“圆满生命”、“关爱他人”、“正视死亡”，从事无数的公益活动，在全世界进行公益演讲，已超过一千场，足迹遍及欧洲、大洋洲、美洲、非洲、日本等国。著作《周转爱的人》，分享个人对生命的领悟。

星云大师如何推动“佛说的、人要的、善美的、净化的”人间佛教？

星云大师为何说“佛光山是人间的、是团队的、是开放的、是传承的”？

星云大师出家七十五年来，心心念念的是什么？

星云大师著作等身，超过二千万言，并被译成英、法、德、日等二十余种语言；在全球五大洲，一百七十余国家、地区成立国际佛光会之协会及三千多个分会，会员百万以上……这么大的影响力，大家为什么如此景仰爱戴大师？大师为什么如此有魅力？

请仔细阅读《百年佛缘》，答案都在里面。

拜读《百年佛缘》，惊叹于大师能巨细靡遗地口述近百年来的历史，行云流水般地详述所有来到他身边的人、事、物，让我们如置身于现场般的真实。

不明白大师是什么脑？肯定不是电脑，更何况电脑有时还会停机呢！为什么大师的脑竟会有如此不可思议的容量、记忆？

有一回，为了筹建佛光大学而举办的书画义卖，我请了几位书法名家、鉴赏家和大师见面。

当我介绍李叶霜教授时，师父握着他的手说：“真是太感谢您了！我们一直没有机会见到面，我要向您表示感谢，谢谢您刊登我的文章，给我稿费，我就是用这些稿费，办了好多场的布教活动！”

李教授当场感动得说不出话来。

原来，李教授四十年前在一家杂志社当编辑，师父常常投稿。他怎么也没有想到大师竟然可以在四十年后，还记得曾经投稿过的杂志和编辑的名字？太出乎意料了！

他还说："好后悔！当时没有把大师的手稿留下来。"

师父就是让人感念在心，师父总是记着别人对他的好，其实他才真的是"滴水之恩，涌泉以报"的人。

《百年佛缘》里，师父把我放在《我的老幼善缘》里。从我母亲"出家未遂"的因缘说起，当时我十八岁的妈妈要出家，大师要她回小学好好教书比出家打柴烧饭有用，并送给她一串念珠，祝福她佛缘不断。

二十年后，十八岁的我上佛光山参加"全台大专佛学夏令营"，幸福的我们蒙大师亲自授课。恭听法教之余，吃过晚饭，常跟随大师跑香，一路话家常到山下，再踏着夕阳余晖上山晚课。一个月，转眼就过，舍不得离开，一心想"代母出家"，大师也要我回师大好好读书，将来好好教书，临别也送我一串念珠。

不久前，和师父聊天，提到这串念珠，师父竟然说："那是我在日本带回来的一串珍珠念珠。"

怎么可能？事隔四十几年了，这期间，师父不知道用念珠和多少人结缘过，怎么会记得这一串？

这四十年来，我一直把它供在家中的佛堂，陪着我出嫁、移民温哥华，再回到台湾。每天礼佛时都看到它。孩子看到那褪了色的流苏，还曾问我它是不是古董呢？他们怎么会懂这串珍珠念珠串连着多深的祝福与鼓励呢？

睹物思人时，只有衷心地祈愿——

诸佛菩萨慈悲加被亲爱的大师，法体安康，常驻世间。

师父提到我罹癌期间，身形日渐消瘦，气若游丝。清晰记得师父慈悲，大驾光临寒舍，如此劳烦老人家，让我万分惭愧。向师父忏悔，师父摸摸我的头，挥挥手，叫我别放在心上，他说："你生病了，我请别人来看你，他们回去哭哭啼啼说你越来越瘦，头发掉了，头发干干的……哎呀！我就自己来看看吧！”

大师随即给我开示：

其实，生病了，瘦一点没关系，人家总是叫我们“保重”、“保重”，其实“太重”也不好啊！也是负担！

人生病了，放宽心！不要担心害怕，记得有三种力量可以帮助我们，就是——药力、法力、愿力。

相信“药力无尽”：要看医生吃药治疗，求神问卜找偏方是没有用的！

相信“法力无边”：有佛法就又办法！信仰生信心。

相信“愿力无穷”：愿有多大，力就有多大！痊愈后多做公益，服务别人，利他！

师父的一席话，言犹在耳。感谢师父的开示加持，赐我智慧，我相信这三种力量，我怀着“惭愧感恩大愿心”的威德力渡过了难关，经历了“濒临死亡的经验”，重回人间，活着真好！

师父提醒我们面临死亡时：不要怕！不怕才会“心无挂碍”、“无有恐怖”，“远离颠倒梦想，究竟涅槃。”

听师父说“心无挂碍”，让我不禁想到——

有一年，大师亲临温哥华，主持三皈五戒。我当时是温哥华佛光协会会长，大师要我担任班首。我不知道该怎么做，有人说我不会背《心经》，怎么做班首？

师父慈悲，小声地问我是真的吗？

满脸通红的我，小小小小声地回答，也不是全部不会，只是偶尔会漏几个字。

师父见状，大声宣布：小慧不会背《心经》，小慧用做的！当时听得满头雾水，只知道太对不起师父了，怎么连《心经》都背不好，还让师父为我说话，当天回家，连夜给背熟了，第二天的典礼，顺利圆满。

直到大死一番，师父说我“心无挂碍”，我才明白师父的教诲——经典不是用来“背”的，是指引迷津，是需要去应用实践的。

所以，我们不只是“信佛”、“拜佛”、“念佛”，更重要的，也要“行佛”！

捧读再三《百年佛缘》
读大师如屹立不动的大山般的智慧
读大师如纳百川的大海般的慈悲
仅以最恭敬虔诚的心
感谢大师这部巨著的完成
承蒙大师赐予这殊胜的因缘
提升我们灵性的成长
圆满我们生命的学习

蒋家与星云大师的几代佛缘

中国国民党副主席　蒋孝严

蒋孝严，一九四二年生，浙江奉化人，生于广西桂林。美国乔治城大学理学硕士。曾任“行政院”副院长、“总统府”秘书长、国民党秘书长、“外交部长”等职。现任中国国民党副主席、“立法委员”。著有《蒋家门外的孩子：蒋孝严逆流而上》。

我个人与佛教的因缘,早在幼年于南昌期间由外婆扶养时,淡淡的记忆中,注意到家里供奉一尊观音菩萨,看着外婆每天虔诚地晨起上香。后来随军迁移来台,因在新竹住的地方很简陋,外婆、孝慈和我三个人挤在一间房间,没有地方可以很恭敬地供奉佛像,外婆虽然没再拜观音,但常定期吃斋,并提醒我们兄弟要惜物,不可杀生。

我与星云大师的结缘,也是很早的事,早在"外交部"担任"北美司司长"期间,陪同外宾到佛光山参访,就曾与大师谋面。在此之前,读了很多有关他的报道,对这位大师心仪已久。但见到他的第一印象,就感受到一股庄严的殊胜,一种望之俨然,即之也温的亲切。老人家讲话非常具有吸引力与说服力,虽带有浓厚的苏北腔调,但本地的信众却也能够轻易地听懂,而受到他的感动。

后来也有几次较长的时间与大师在一起,向他多方请益。三年前我陪美伦到佛光山拜会大师,并在山上留了一宿,与大师促膝长谈,受到很大的启发,获益良多。大师不仅讲佛法,更融和人生、社会、文教、政治等等,诚如他所提倡的"人间佛教",让佛教充满在人间各地。佛陀的教义并非艰涩难懂,他一直从人本出发,解答众生的疑惑。还有一次我在"外交部"次长任内,距今快三十年前,与当时任职驻新加坡代表的孝武一起陪同新加坡总理王鼎昌先生夫妇到佛光山参访,与大师会见,享用佛光山精致的斋菜,还参观了佛光山丰富的佛教文物保存,对大师致力于佛教文化的保护与发扬,更感敬佩。

蒋家与佛光山也有几代的因缘。先祖蒋公从小即随母亲在奉化雪窦寺读经，深究佛法，一生崇敬佛教。之后还曾礼请雪窦寺太虚大师到国民政府讲“般若心经”，并资助他筹组“世界佛学院”。来台复行视事后，曾表示想到佛光山小住数日，也做好安排，却因与日“断交”突然而未果。

经国先生就任后，前后有四次上佛光山参拜的记录，他虽然信奉基督，但基于对中华文化的保护与发扬，不但非常关心佛光山申设大学，以作育英才，并且支持他创办的“救国团”默默地协助星云大师举办的青年佛学活动。值得一提的是，大师在一九八六年四月中国国民党召开十二届三中全会，受经国先生邀请做报告，大师当着党政高层提出要包容党外人士，并且应开放大陆探亲。过去因国共之争，多少死伤，多少妻离子散等人间悲剧，应要有同理心，让两岸探亲往来。当然经国先生加上台湾整体客观情势的考量而于一九八七年七月解除戒严令，同年十月开放探亲，足见大师的慈悲与睿智。后来的纬国将军，乃至孝武都与大师结了很深的善缘，都受到大师很大的影响，孝武曾一再表明自己是虔诚的佛教徒，更希望百年之后采用佛教仪式。孝武过世后，惠媚女士更加虔诚，在佛光山台北道场当义工多时，也加入国际佛光会行列，担任中华总会秘书。孝慈在东吴大学校长任内即笃信佛教，一九九四年他不幸在北京进行学术交流时脑溢血而不治，翌年，他是以佛教仪式办理法会，主持者即为星云大师。

拜读大师口述的《百年佛缘》，涵盖生活、社缘、文教、僧信、道场、行佛、新春告白及别册等篇，有如沐春风。对大师的慈悲为怀，无数功德，更加敬仰。古云：“德不孤，必有邻。”佛光山从一九六六年开山迄今近五十年来，从筚路蓝缕，到现今涵盖全球五大洲，数以千万的信众共同为世界佛教树立功德典范，可以说哪里发生灾难，都可以看到佛光山的义工，从为灾民煮一碗热汤，到惊恐灾民的心灵抚慰，以至贫童的持续教育工作。正如同佛陀纪念馆功德碑墙上记载的"千家寺院、百万人士"。这些都是受大师的感召，一点一滴，一步一脚印的累积社会的认同、企业的支持，以及民众的信仰。

慈悲的大师很早就投入关注两岸和平，早在一九八九年两岸仍处冰冻时期，大师即在美国组织佛教弘法探亲团赴北京访问，作为两岸融冰的先锋。多年来，大师致力于两岸佛教、文化、教育的交流，成果非常丰硕，有目共睹。在推动两岸各层面的互信与和解中居功厥伟，同时受到两岸各级领导人的尊敬与推崇，可说具有无可取代的地位。尤其近几年来两岸交流快速拓展，很多大陆各地政府领导人以及各界领袖来台参访，都期望能当面拜会星云大师，以了心愿。但我们知道，大师德化助人，却不居功。从《百年佛缘》书中，对诸多与大师结缘的人士作详细且平实的介绍，大师大其心容天下之物，并且平其心论天下之事。在政治上，容或有理念不同，也不会持有分别心，还处处可以看到他替别人着想；即使受到不同立场人士的恶意批评，他也没有不悦的语言。充分做到他提倡"做好事、说好话、存好心"三好的典范。在许家屯事件上，由于陆铿的率性发言，让他受到中共误解，多年不能访问大陆，大师不但不计较，仍持续资助陆铿，实可谓"慈悲没有敌人"。

人间缘聚缘散，我与星云大师结善缘已久，彼此相识、相知多年，是我的长辈，也是益友，虽然我受洗天主，没能与大师成为道友。我常常扪心自问是否缺少慧根，才一直没能皈依佛门。然翻阅他老人家口述的这套《百年佛缘》书籍，介绍了这么多好人好事，愈让我觉得渺小。深入了解大师的正见、正思、正语、正念、正业，让我体认到，不论信奉甚么宗教，都要从心里深处，细水长流地发心，为社会尽一份责任，为众生做一份功德，也为自己积一点福报。

有佛法，就有办法

复旦大学历史学系教授　钱文忠

钱文忠，一九六六年生，上海人，藏学家、印度学家，复旦大学历史学系教授。一九八四年进入北京大学东方语言文学系梵文巴利文专业，师从季羡林先生。后留学德国汉堡大学。二〇〇七年受邀到中央电视台“百家讲坛”录制讲座《玄奘西游记》，后又陆续讲述李时珍、《三字经》、《弟子规》等。著有《瓦釜集》、《天竺与佛陀》等书。

近年来，我一直在收集、整理、阅读有关资料，发愿写一本小书，打算以动荡的近两百年中国历史为背景，在中国近现代思想文化史和宗教史的脉络下，论述尊敬的星云大师及其开创的佛光山典范模式（paradigm）。一周前，拜接觉培法师惠寄的星云大师口述史《百年佛缘》，不禁为之欢喜无量，因缘殊胜，叹未曾有。

《百年佛缘》皇皇十五册，以“生活篇”、“社缘篇”、“文教篇”、“僧信篇”、“道场篇”、“行佛篇”、“新春告白”、“别册”为列，分装四函，典雅庄严。这是星云大师应“国史馆”之请，由佛光山书记室记录，“国史馆”初版，佛光山增订的最新版。“口述历史”是史料的新体裁，越来越受到史学界的重视。台湾正是“口述历史”的重镇，大陆尽管起步较晚，但有急起直追之势。中央电视台著名主持人崔永元先生也是佛光之友，多年致力于口述史学，访谈了数以万计的参与或经历了重大历史事件的人物，积累了海量的文字、影像资讯。我曾经陪同崔永元先生拜访佛光山，向星云大师当面禀告过。

口述历史之所以珍贵，在于它所提供的史料有血有肉、真切细致、丰满鲜活。《百年佛缘》就是这样一部口述历史的典范之作，它的价值和意义已经在函套上标明了：这是“星云大师出家七十五年来最真实赤诚的告白”。星云大师的原话是：“我应‘国史馆’之邀，口述了《百年佛缘》；往事历历在目，仿佛又重走了一次动荡的年代。虽然回忆起来不免辛酸惆怅，却也体认到，人在大时代的洪流里，最需要的是忍耐与勇气，这一段贫穷、战乱与苦难，成为我人生宝贵的资粮。”这不仅是一段催人泪下的凄美文字，同时也足以彰显《百年佛缘》的价值和意义了。我得到了这样一部期盼已久的绝佳史料，如何能不备感欢欣呢?

蒙星云大师厚爱，在《百年佛缘》里，在无锡钱氏尊长钱宾四先生之后，还提到了我与大师结缘、追随大师为佛光事业力效绵薄。这是我的绝大荣幸。《百年佛缘》一百六十万言，所用照片以千计，不经仔细阅读研究，是难测其涯岸的。这里当然不能是详细评述的场合。同时我还相信，而且很多人都会同意这样一点：即便是像《百年佛缘》这样的大书，也不可能完全记录下星云大师弘法宣文的每一件事迹。所以，我坚定地认为，《百年佛缘》是一部需要“注释”的大书。既然我有幸追随星云大师和诸位佛光先进大德，那么，就请允许我在这里尝试着为《百年佛缘》添加两条小小的“注脚”吧。

众所周知，位于我故乡无锡宜兴的大觉寺是佛光祖庭。不过，也许有人不知道，大觉寺的原址却不在今天这个地方。大陆经历了令人扼腕的历史文化进程，狂风暴雨之下，原来的大觉寺早就片瓦无存了，只剩下两块残破的石碑，供人唏嘘凭吊。而当年的小村落在几十年之后，已经成了人烟稠密的大村庄。寺址早就成了农民的住家或耕地。当时，宜兴有关方面恭请星云大师复建祖庭，为了表示诚意，最早的方案是请大师就在原址重建，政府方面积极配合，进行拆迁。这当然是“恢复祖庭”的题中应有之义。但是，在大陆生活过的人，是很了解“拆迁”意云为何的。星云大师慈悲，替当地民众考量，主动放弃了原地重建的便捷方案，选择了今天的寺址。其时，那还是一片荒山野岭。星云大师将“恢复祖庭”转变成了“开山创业”，今天那里周围都已经是兼具了现代功能建筑和传统田野风光的宝地了。除了将上面提到的两块残碑移请到新寺供奉纪念，此外，对大觉寺原址的民众毫无所及。这是民众没有想到的。不仅如此，星云大师还对原址民众进行慰问捐助，这就更让大家感受到佛光普照的欢喜了。重建后的大觉寺不收门票费，各类文化活动精彩纷呈，信众游客自由出入，或礼佛，或参观。这在大陆的大寺中，应属首例，影响之深远，实难估量。

祖庭重光乃是上引星云大师"最需要的是忍耐与勇气"的证明，更生动揭示了所有"祖庭"本都得自"开山创业"的精义，这岂不正是佛光精神之所在么？所以，今天的大觉寺不仅是方圆几十里、几百里民族的信仰中心、文化生活中心，而且更是收拾人心的教育中心，这就如水到渠成般的自然了。

二〇一二年的十月长假，大陆首次实行高速公路通行免费，很多条高速公路拥堵几十公里，不少人随路乱扔垃圾，甚至还有更过分的行为，高速公路成了垃圾场。国内外媒体广为报道，批评大陆某些民众缺乏公德心，道德水准堪忧。也就在其中的一天，我驱车从上海转南京赶赴宜兴大觉寺，沿途亲眼目睹了一片狼藉，内心哀痛、愤懑，却又感觉无奈、无力。然而，奇妙的事情发生了：正是这些刚刚还在高速公路上争先恐后、胡挤乱插、随手扔垃圾、随地大小便的人，一从徐舍出口下来驶向大觉寺，尽管交通依然拥挤，但就开始秩序井然、文明礼让了。进了大觉寺的山门，人山人海，不仅地上看不到一片纸屑，而且还时常可以看到大人替孩子捡起丢弃在地上的饮料瓶。而这一切并没有人在指导或是提醒。

这就比什么都雄辩地说明了"有佛法，就有办法"，说明了星云大师及其所宣导的人间佛教佛光模式的功德与力量。

星云大师在《百年佛缘》里还提到我和"扬州讲坛"的因缘。我就在这里再为"扬州讲坛"添加一条小注脚。

扬州是星云大师的故乡。大师少小离家，云游万里，至今乡音不改，言谈之中总是透露出对家乡浓浓的眷恋之情。捐建"鉴真图书馆”就是星云大师对故乡的回报。扬州民众都很欢喜，在他们心目中，自己家乡有大福报，出了两位高僧，鉴真大师和星云大师相距千年，辉映古今。硬体建设接近完成，星云大师就在考虑软体问题了，决定创设“扬州讲坛”。大师将我召去开示。我当然明白星云大师对故乡的独特感情，理解大师这是用最慈悲的“法布施”来回向父老乡亲。然而，大师的开示却让我略微感到吃惊。大师直接指出，“扬州讲坛”不必以佛教题目为主，完全可以涵盖文化的方方面面。联想到星云大师在世界各地办学，每次都说明，尽管学校是由佛教僧众和信众创办护持的，确实是“佛教的学校”，但都不必是“佛教学校”，教师学生都不必非信仰佛教不可。我在星云大师慈悲的目光中看到了佛教法流遍布、包罗万象的博大，深受感动。

近十多年来，大陆终于体认到了文化的重要性，不少地方的政府和有识之士努力用各种方式弘扬文化，开设讲坛是其中最重要的一种。不过，这不是一件容易的事情，离开了上引星云大师法语“忍耐与勇气”，是难以为继的。毋庸讳言，不少讲坛虎头蛇尾、有始无终；不少讲坛间隔时间过长，讲者也有鱼龙混杂的嫌疑；更有不少讲坛打着公益文化的招牌，行经营牟利之实，招致物议乃至诟病。在星云大师的关心和开示下，“扬州讲坛”绝对没有发生上述的情况。依然是绝不收费，讲者除了偶尔滥竽充数的我以外，都是国内外声誉卓著、广有影响的学者、文人、雅士；星云大师也多次法驾亲临，循循开示。更令人无法相信的是，“扬州讲坛”开创以来，坚持一月两讲的频率，从无中断。每次开讲，人满为患，偌大的报告厅都容纳不下扬州以及外地赶来的听众，经常有人只好席地而坐。毫不夸张地说，北有中央电视台“百家讲坛”，南有“扬州讲坛”，并称中国大陆最成功、最具影响力的两大文化讲坛。星云大师的法布施，引导扬州乃至其他地方的民众形成了尊重文化、向往文化、学习文化的生活方式和生活态度。而这，正是今天的中国大陆最为需要的。

这就比什么都雄辩地说明了“有佛法，就有办法”，说明了星云大师及其所宣导的人间佛教佛光模式的功德与力量。

能够亲近星云大师和佛光诸大德，是我一生最好的因缘，是我最大的荣幸。我到哪里都很欢喜地称自己为“佛光家里人”。我还有很多的读后感只能留在我发愿要写的那本小书里谈。在这里，我只想用上面的两个小注脚说明：尽管《百年佛缘》篇幅宏大，但还是不足以反映星云大师及其开创的佛光模式的无量功德。实际上，恐怕世间也没有什么方法可以完全抒写了。要真正读透《百年佛缘》，是需要在这本书外还下大功夫的。《百年佛缘》是深不可测的佛法之海。读者开卷如入宝山，目不暇接，是最自然不过的事情了。

我敬用星云大师“有佛法，就有办法”来作为文章的题目。其实，《百年佛缘》还开示我们：佛法恒在，固不在于“办法”之有无巧拙。但是，特别是在当今的世道人心之下，我们在坚信“有佛法，就有办法”的同时，还必须积聚好因善缘，善行布施，巧为方便。毕竟，“有了办法”，佛法才能更好地来到人间，接引众生。我斗胆在星云大师的法语后接下两句：“有佛法，就有办法；有办法，更有人间佛法。”

这是我拜读《百年佛缘》所得之万一，敬叩于星云大师及佛光诸位先进大德法座之下。

波澜壮阔，浩瀚无际

圆神出版社董事长　简志忠

简志忠，一九五五年生，台湾彰化人，大明中学毕业。一九八五年创立圆神出版社，目前旗下有七家出版公司。一九九七年协助佛光山成立“如是我闻”文化公司，制作了多张荣获金曲奖的佛教音乐专辑。现任纸风车文教基金会董事、圆神出版社董事长。

这是个忙碌的时代，我认识的人几乎没有一个不忙的。上班时间，一个接一个的会议，几乎把人淹没。下班后家庭活动、运动、旅行，有事忙，无事也忙，忙得好像只要再多出一件事就会把自己压垮。

大师是个特别的人，全球两百多个道场，徒众百万计，有时打电话请安问师父忙不忙，大师永远说不忙。而每次和大师见面，大师总是静定从容，一点都看不出他刚风尘仆仆从天涯飞回台湾，几天后又将风尘仆仆地飞往世界各地需要他的地方。

和很多人一样，我自认是个有想法的人，有时晚上心血来潮，点子涌现，好像晴夜里点着一盏一盏的烛火，夜深了，还得一个个捻熄才得以入睡。问题是，一觉醒来，不是时机未成熟，资源不够，兹事体大……种种理由怠惰，延宕，终至一事无成。

大师则不然，想到做到、剑及履及，他心里想的，绝不会是遥不可及的空想。

有一回在台北道场，我说，佛教今天在台湾如此昌盛，佛教艺术却没有同步发展。例如，梵呗只止于寺院唱诵，一般信众却难窥其奥妙，而且市面流通助印的佛教音乐卡带，粗制滥造，也没有清新的佛教音乐出版让民间流传。大师听了表示这个事情很重要，得有人来做，在场的人面面相觑，都说对音乐不内行。大师不以为然说：“不愿承担就永远不内行，只要有心承担，很快就会入行。”

第二天我打电话给师父，说我来做这个工作，就这样“如是我闻文化出版公司”成立了，几年间，制作发行上百张佛教音乐光碟，年年得奖，创造了许多佛教音乐界的第一。其中最令人称道的是

《法音清流》的出版。

以往的梵呗是没有乐谱的，学习梵呗全由老师口授，“如是我闻”找专家将梵呗写成乐谱，加入背景音乐再找法师唱诵，制作成《法音清流》全集，堪称有史以来最完备的梵呗大全，从此梵呗终于有谱了。

《法音清流》好评如潮，接下来当代佛教音乐的制作却遇到瓶颈，与事的年轻法师告诉我佛教音乐制作要注意“如法”，除了鼓、磬、钟，只有少数几种乐器可以使用，不得逾越雷池，他说：“离佛一尺，即为魔道。”我认为如此墨守成规，无法发展出清新动人的佛教音乐。于是请示大师，经过一番讨论，大师做出指示：“离佛一尺皆是佛道，你放手去做。”八十岁的大师，不拘泥传统，思想新颖，无怪乎他倡导的人间佛教这么贴近人心，充满活力，影响深远。

那时期，我在台北道场有一个办公室，有一天，大师信步来访，说他想办报，问我意见，接着讨论是要对大众发行，还是对学术团体、研究机构发行，表达佛教的观点或立场的报纸。不久，我接到熟识的法师来电：“简居士，听说你赞成师父办报啊，我们都反对……”我说：“大师想做的事，是阻止不了的，办大学如此，办电视也是如此。”

不久，《人间福报》创刊，我只有尽一己之力，介绍报界朋友投入协助，并且提供订报发行的建议。我知道，大师心在哪里，风景就会在哪里。果然，《人间福报》如今已成台湾发行量前几名的报纸，更是正信佛教界的第一大报。

“云水书车”是佛光山推行有年的流动图书馆。两年前，如常法师衔命攒编，提供各地儿童青少年更方便丰富的阅读，当时我捐了一些书，我相信，这只是个开始。两年后，五十部“云水图书馆”在台北河滨公园举行授旗典礼，我受邀前往观礼，想起几年前一段有趣的往事。当时我参加吴念真导演的舞台剧在台北“国家剧院”演出，开演前在后台聊天，剧团执行长开玩笑说，他是“国立”大学的硕士，不像吴导演只不过是私立大学夜间部毕业。此话一出，在场不明白我们一贯玩笑模式的人，都盯着吴导看他反应，没想到吴导不以为意淡然地说：“至少我还是私立大学夜间部毕业的，不像简社长连高中差点都没毕业。”

这下惊讶的眼光全转到我脸上，我笑说：“再怎么说我都读了高中，不像是星云大师，连小学都没读过，年轻时还当过白塔国小的校长，后来在世界各地办了四个大学，还有很多的各级学校，佛光山出家弟子都受过完整的大学教育，拿到博士学位的有四十几位，硕士有两百多人……”

大师气宇轩昂，不仅外形高大，心胸更是开阔。我担任“宗教委员会”总干事期间，亲见他真诚地与各宗教领袖交往，尤以和天主教单国玺枢机主教几十年的情谊，更是令人动容。也因为大师的气度，在他担任“宗教委员会”主任委员期间，每年年初举办“宗教界祈福音乐会”，各宗教齐聚一堂，一齐为社会人民祈福。各宗教一团和气，连后来受邀参加的各国官员都大为佩服，直说，这是台湾继创造经济奇迹之后，又创造了宗教奇迹。

有很多时候，我的想法和看法与大师不同，和大师说理辩论，大师不但不介意，有些重要的事还要我参加讨论。他说：“我要你来，就是你有不同的意见。”甚至在某些事务上我和他立场迥异，他也宽容尊重，大师真是我见过最大量的人。

每次大师到台北来，总是殷殷垂询我的工作，当时跟着纸风车儿童剧团推动艺术下乡的活动，要让台湾各地的小朋友都有机会接触一流的表演，当在南部演出因为经费拮据，我们借住佛光山，在花东演出，我们借住兰阳别院，每一次法师为每一位团员准备两个便当，说他们年轻，工作繁重，素食容易饿。这些事，纸风车的团员至今津津乐道，还说从来没有看过这么清净的道场，这么好吃的素菜。

后来高屏地区很多乡镇因为募款困难，一直无法演出，大师知道后找我去，他说，过年期间信徒给他红包，要我拿去用。又过了几天，我接到大师从机场打来的电话，他说他会再帮忙想办法，无论如何一定不要让高屏地区的孩子失望。放下电话我感动得说不出话来。高屏地区最后一二十个乡镇，就在大师的奔走下，一一完成了演出。

年假期间，收到山上寄来《百年佛缘》新书，这是大师的口述历史。翻开之后不忍释手，仿佛跟着大师进入时光隧道，面对当时的种种困境，看大师以坚忍、智慧，渡过重重难关，精彩宛如探险小说。

大师人如其文，平易优雅，与人交往有情有义，读大师行脚弘法的身影，竟像游走五湖四海行侠仗义的侠客。

大师平生无视各种功名利诱，一心一意就是欢喜做一个弘法利生的和尚，如此坚定持恒的意志，使他做的小事都成了影响深远的大事。

自认平凡无奇的大师，当年十二岁上栖霞山出家的小沙弥，当初有没有想过，佛缘一结百年，而且开创了他波澜壮阔、浩瀚无际的人生！

欢喜

北京师范大学艺术与传媒学院教授　于　丹

于丹，一九六五年生，影视传媒学博士，北京师范大学艺术与传媒学院教授、副院长。二〇〇四年被评为北京市十佳电视艺术工作者，二〇〇六年获得“中国十大教育英才”称号，被评为二〇〇六年品牌中国年度人物之一。二〇〇六年在中央电视台“百家讲坛”解读《论语》和《庄子》，回响热烈。著有《于丹〈论语〉心得》、《于丹〈庄子〉心得》等书。

很早以前，看到过一句话，佛说："当世界无情时，我多情；当世界多情时，我欢喜。"那时一颗少年心满是困惑：如此沧桑炎凉的世事，果真可以怀有恒常的多情与欢喜吗？

多年以后，有幸结缘星云大师。

在宜兴大觉寺，坐下来吃第一餐饭，头道汤浓香雪白，入口鲜美得几乎呛住，舌根都软酥下来，我惊诧："师父，这是什么汤？"

大师微笑："无非几种菌子。"

"菌子怎么可能有这样味道？"

大师依旧微笑："我们出家人，不用煎炒烹炸，也不用浓油赤酱，我们有的是时间，肯用心思花时间用清水煮，调出食材本来的香味就好。像这道菌汤，从昨天晚上就在煨，每一种菌子不同时间投下去，最后出锅时放一把研碎的白芝麻。"

那一刻，禅意缭绕，唇齿萦香，平日里在油炸速食和味精辣椒里日渐粗犷的味蕾一点点复苏了细腻、恍然。

饭后去散步，大觉寺外云湖边，翠竹成林，郁郁草木里，蚊子敏捷穿梭，从手上脚上一掠而过，红红痒痒的包连成一片。我忿忿向大师嗔怨："这里的蚊子真是欺生，我刚刚到就被咬成这样，你们本地人都不挨咬！"

大师又微笑："南方蚊子嘛，没见过太大世面，忽然有机会尝尝北方人的血，很欢喜，你权当结缘。"

到了台湾高雄，大师邀我到佛光山，我说难得机缘，请教师父说法，大师说："好呀，带你去个地方。"

沿着一片片蓬勃的菜地往前走，曲径通向处毫无幽静，一大间铁丝房子中，十几只大红鹦鹉上下翩飞，像一团团活色生香的嘹亮火苗。大师引我坐在一架秋千上，抱过两只憨态可掬的小香猪，分一只在我手里，开始聊天。大师远远近近指一指："这里就是佛光山的植物园和动物园。"白白胖胖的小猪在我怀里一拱两拱，那一刻，心里豁然天真。

大师讲过一个故事：

小沙弥请教师父："怎样才是参禅的方法？"

师父道："吃饭睡觉。"

小沙弥不屑："谁不吃饭？谁不睡觉？这怎么算得参禅！"

师父道："是啊，人人吃饭，大多挑肥拣瘦，吃不痛快；人人睡觉，大多失眠做梦，睡不安稳。你如果饭吃得好觉睡得好，已经在参禅了。"

在我的记忆中，没有听见过大师说一句关于世事的结论，只是衣食住行、动物、植物间的一段段欢喜，不经意拈出来，信手一放，就落在心里。

想到少年时不懂的那句话，原来烂漫多情，婆娑欢喜，都在滚滚红尘。愿意用心，就能遇见。

今读大师的《百年佛缘》，有平凡的生活，有不平凡的思想、事业；读别的书，要苦苦用心，读《百年佛缘》如是享受。大师娓娓道来，有酸甜苦辣，但真正体会，在他，无不是欢喜哦！

匆忙行程中，聊致数语，也表示欢喜赞叹。

好语如珠，澎湃涌来

佛光大学校长　杨朝祥

杨朝祥，一九四七年生，曾任台湾师范大学教授兼工艺教育学系主任、工业教育研究所所长、“行政院”研考会主委，后转任“教育部长”及出任“考选部长”。二〇一〇年八月起担任佛光大学校长，二〇一一年受聘为“国策”顾问。

对于任何一个伟大人物的了解，最好是近身的观察，或透过著作来阅读其德言懿行，方能有深刻的体会与领悟。星云大师以出家人的入世情怀，长期以来投入各项的教化工作，化民成俗、风行草偃，广为各界所称颂。《百年佛缘》套书为星云大师口述，描绘大师在多个领域的所见所闻，所爬梳的人、事、物，巨细靡遗、至情至性，由此呈现星云大师丰富的生命历程。

“回忆历史可以增加生命的长度”。大师让历史重现时光隧道，一个个独占大时代鳌头的人物清晰地浮现在故事的情节里，大师和一位位经典人物的对话主导了当代文化的演绎和发展，一起为社会和众生创建了利他的框架和脉络，共同铺成了社会繁荣、文化亮彩的风貌。大师和佛光山信众们的精神是伟大的、可贵的。

涉笔成趣法音宣流

星云大师涉笔成趣、惊人强记、信手拈来，任何故事在他说来，不自觉地流露出一种悲天悯人的情怀，对于叙事，娓娓道来、鞭辟入里；对于人物，透过用心观察，深刻描绘出其人其事；书中用字遣词，在平实中照见况味，在平淡中咀嚼真情，读者不只可以从文字般若中体会实相般若的妙义，也能够在字里行间感悟宗教家淑世爱人的情操。

大师热爱文字出版，创办平面和电子媒体，并编辑藏经，发扬佛学教义，乃至推动各项艺文飨宴，期使法音宣流、梵音遍及世间。大师不仅做到了，更难能可贵的是他解开宗教的藩篱，让它走入人间，使得宗教不只是宗教，更增添了人间的兴味，所能教化和普及层面也更为扩大。

有感于教育是树人树德的工作，和宗教教化人心、引领社会向善，弹奏的是同款的曲调，燃烧的是同样的使命，由此乃兴起大师办学的念头。从幼稚园、中小学、到大学，以及丛林学院等，构成了佛光山体系全生涯的教育网络，为社会培育无数的人才。大师决策的智慧和对教育的投资，前仆后继召唤着志同道合者投入佛光山教育事业的垦拓和推动。

以高等教育而言，不论美国西来大学、澳大利亚南天大学或台湾的南华大学以及佛光大学，兴学过程可谓筚路蓝缕、以启山林，从资金的筹措、校舍的兴建到学校的经营无不充满艰辛，尤其在教育国际化竞争激烈，以及少子化浪潮席卷的今天，高教所面临的挑战较以往更为严峻，这也不得不让人佩服大师对教育的坚持以及信众的支持，让我们有机会跟随大师为教育奉献。

人间大学结庐佛光

世上一切事物，皆由因缘而成。因为教育，让我和大师结缘，也因为教育让我有机会践履大师的教育理想。二〇一〇年八月受到大师的感召，响应大师“把智慧留给自己，将大学留在人间”的教育理念，决定辞去“考选部长”，接任佛光大学校长一职，亲上火线与严酷的高教生态短兵相接，同时也试炼自己在教育行政和学术领域所获之心得和经验。

佛光大学遵循大师兴学的精神，以“全人教育、温馨校园、终身学习”为主轴，并辅以“三生”教育：“体验生命关怀、提升生活品质、追求生涯发展”，与大师提倡之“三好运动”：“做好事、说好话、存好心”相互辉映，以期培育兼具品德、品质和品味之未来学生。

为了具体落实大学在人间的理念，佛光大学关注校园与产业、与国际接轨，一方面重视学生务实致用，依据教育目标订定各项校、院、系的核心能力，促使教学、学生学习成效与产业需求接轨；一方面也拓展大学的触角，促成四校一体大学系统的建立，以及两岸、海外大学的结盟，推动双联制学位，让学生就读佛光直接晋级世界大学的教育水准，以期厚植学生就业的竞争力。

佛光大学在大师精神的实践下，“人间”大学的概念逐渐成熟，近年来屡屡突破办学绩效，不论入学人数及录取学生表现上都有了长足的进展，并能荣获“教育部”教学卓越大学的肯定。马英九先生也曾先后两次来到学校，关切高等教育的发展，无疑鼓舞佛光大学师生更加奋力前进。

基于当初大师一句话的召唤，希望佛光大学能在竞争激烈的高教环境中，力求革新与突破，佛光师生和我不敢或忘。尽管挑战越来越严苛，任务越来越艰巨，佛光师生必将谨记大师创校的精神，努力克服难题与考验，让“义正道慈”的香火不断，才不辜负创办人对兴学念兹在兹的神圣使命。

涵泳生命跨越历史

教育能穿透时空的阻隔，让东西方知识汇流与交融，教育也能捍卫公平正义，让贫富同窗授业，大师胸襟开阔、海纳百川，所构建的文化版图及教育体系正是最好的实践。这些发想与体现，在《百年佛缘》套书中都得到了充分的印证。出版此一套书，编者不只是为了典藏大师的记忆，更期待读者可透过反刍其智慧之语，而能够获得体悟与成长，从而增长生命的长度与深度。

生命像是时光的长河，时而徐缓低吟，时而轻快悠扬，时而深沉诡谲，时而也波澜壮阔，在涛声潮音间，人们来来去去、穿梭不停，让因缘是如此地难以预料，也如此地扣人心弦。驿动的心，恒远的情，交错了一篇篇前世今生的剧曲，不论是深情的告白，或对人事的感怀，皆涵泳了一个个精彩的故事。《百年佛缘》好语如珠、澎湃涌来，将大师这些可贵的记忆，一一行诸文字，立言著述，藏诸名山，已然跨越了历史的纵深，让金章玉句“传灯”不熄。

读《百年佛缘》

博鳌亚洲论坛创始人　蒋晓松

蒋晓松，一九五一年生于上海，博鳌亚洲论坛创始人。其制作的电视纪录片《小木屋》荣获第二十八届纽约国际电影节电视导演奖，是第一个在纽约国际电影节上获导演奖的中国人。并担任香港博鳌投资有限公司会长、日本 BOAO 株式会社会长、博鳌亚洲论坛理事会副理事长、海南博鳌投资控股公司董事长、第十届全国政协委员。

有缘和星云大师结识，是我人生中的一大幸事！

记忆犹新，我和大师结识已近十年。

这近十年来，每年都有数次拜见并聆听大师教诲的机会，每次又都受益匪浅。我和大师在宝岛台湾、在东瀛日本，或是在中国大陆的东南西北，有过多次的私下晤面，但今天殊不知哪些可谈又可不谈，所以就尝试说三次公开场合的活动：

第一次是二〇〇五年四月……

博鳌的故事本来就像是个神话，我能在贯穿这个故事当中，发挥一些微乎其微的作用，从内心而言唯有感恩诸佛菩萨：我是中国人。如果要仰仗信仰力量的话，就亚洲东方的惯常思维，“佛教”便是最自然的向往和最崇高的载体。当初尚不是佛教徒的我，在博鳌取得初期成就后，便发心建筑博鳌禅寺——这是我朴素的初衷。

而当博鳌禅寺落成之时，恰逢大师首次来海南，我便邀请大师参加禅寺开光仪式。虽是四月但已烈日炎炎：上万信众云集禅寺，大师主礼佛事、祈福和平、共襄盛举。时任全国政协主席贾庆林、时任尼泊尔国王贾南德拉亦参加了博鳌禅寺系列活动……在这里，还有一事不得不提，那就是大师当时允诺赠奉禅寺一尊玉佛。

我去过台湾仅两次。

二〇〇六年十月，我抵达台北机场时，万万没想到大师亲临机场迎接我，这使我印象深刻。随后我去佛光山朝奉，大师还亲自陪我参观，期间他还带我去了佛陀纪念馆的工地，那时工地尘土滚滚。没有想到若干年后，佛陀纪念馆展现在人们面前的是如此雄伟的佛国净土。如大师所言:纪念馆非为哪一个个人而建,是众生所需,它应该是佛陀的、大众的,是历史的、文化的,是为了把欢喜带给大家……因此,它的意义不仅仅在于建筑本身和布局的精彩,更重要是把佛教、文化和历史在这时点作了极好的结合。

二〇一一年十二月二十六日我第二次到台湾,便是参加佛陀纪念馆落成启用典礼仪式,还请我在十万信众面前用自己的语言表达了恭贺与祝福之意,我想这不仅仅是发自我的肺腑,而且可以说还来自大陆千万信众。古语有道:得失寸心知,这确实成为我人生中又一次深刻的体验。

百日之前,也就是二〇一三的一月七日,大师再次莅临博鳌禅寺,举行海峡两岸和平祈福法会,又亲自为他赠奉的玉佛开光,种下和平树;这期间,年事虽高的大师还兴致勃勃和与会的政界、企业界、文化界等精英人士,围绕"亚洲与文化"召开圆桌会议,和颜悦色地亲密交流。同时,作为"博鳌亚洲文化基金"的首位发起人,大师欣然捐赠了启动资金,并且不到一周善款就到位……这些点点滴滴,更加彰显出大师的睿智和风范。

《百年佛缘》的问世,我想不仅仅是大师对过往的素朴梳理,在大师几十年如一日的孜孜不懈中,千年佛教,百年佛缘,大师用"人间佛教"这一最令人深入浅出的道理,与时俱进地将佛教与当今社会进行了非常有机地结合,这或许也是佛教在不断进化和升华过程中一个作为改革舵手的妙手之举。

我与大师在一起,无论是眼前、身边和心里,都将大师认定是"佛祖",而同时更觉得他是可亲可敬可畏的"人",我能与大师近距离地、以心换心地切磋,并得以谆谆教导,使我感受到,作为两岸人的他与我,分别都是中华民族一员,但大师的风骨气节和万千情丝,使我更确信:从某一种角度,就某一个意义而言,也许他正是我们万众同心去实现中国梦过程中的一位勇往直前、不断进取的伟人。

星云大师他有台湾情，但更有中国心，对两岸的和平心心念念、挂念天下苍生。多年来，从他的言谈举止流露，令人钦敬。

一位八十七岁的老人，从他的父母、师长说起，已经超越了百年前的记事；他挂念人间佛教事业，无论他的文化、教育或慈善，其影响也都超过百年以后。《百年佛缘》，信哉，所谓斯言也。

前来之见的创格完人

统计学家　柴松林

柴松林，一九三四年生，法国国立高等研究院统计学博士，专精统计学、经济学和社会学，是推动人权和社会运动的先驱，更是消费者保护、环境保护、公共利益组织的开创者。一九八七年被推举为"台湾最有影响力的人"，十年间，两次获美国民主基金会颁赠"杰出民主人士"奖。曾任"国策"顾问，现任《人间福报》总主笔、环境与发展基金会董事长、台湾观光学院董事长。长年受邀至各地演讲，并组织读书会，推广终身学习，提倡素食文化及心灵环保。

法国印象派诗人保罗·梵乐希最为脍炙人口的诗句:“我们这个时代,最大的问题是什么?我们这个时代,最大的问题,就是:现在和过去不一样!”星云大师正是生逢社会巨变的大时代。青少年时期,度过贫困苦难,战乱流离,亲尝佛门棒喝与政治迫害,可谓饱经忧患,受尽痛苦折磨、误解毁谤。终能以其先天之睿智与后天之学养修为,养成具有“过人领悟力、敏锐洞察力、强烈说服力、坚毅执行力、巨大扩散力、无私生命力”的宗教领袖。

论及星云大师的成就,非仅在宗教界为“人间佛教”的开拓与弘扬者;高希均先生曾以如下的词句描写他:“一位果断的、身体力行的宗教改革家;一位慈悲的、普及佛理的创意大师;一位博爱,提供知识的教育家。”回顾近半世纪之行谊贡献,星云大师被认是自宋明以来,复兴佛教第一人。

星云大师以台湾为基地,所领导推动的人间佛教,是一场“宁静革命”,也是一场有别于以经济力、军事力为基础的,真正名实相符的“和平崛起”。半世纪前基督教的周联华牧师在介绍基督教神学家田立克(Paul Tillich)教授时,曾用过这样的话:“田立克教授是一位为传统神学家所攻击,而又为社会大众所欢迎的宗教哲学家。传统神学攻击他,因为他超脱了传统;社会大众之所以欢迎他,是因为他没有传统神学家那些食古不化、难解的术语和褊狭固执的成见。”回顾星云大师在年轻时,为弘扬佛法所遭遇的阻碍与所受的对待,与田立克教授之际遇,初无二致。正如同田立克教授,坚持对真理的信念,虽遭无理之压迫,却永不屈服,坚毅忍屈,无怨无悔;亦受大众之景仰。

田立克教授认为神学家的责任是将永恒不变的真理，传布弘扬给随着时代变迁而与时俱进的民众。星云大师正是这样的宗教家，坚信佛法真理的永恒性，而人却是随着时代的更迭与环境的变迁而改变的。宗教家必须随时关注到现世的情况，适应民众的需要，不可固守传统，坚持己见。

一位以弘扬人间佛教为己任的伟大宗教家，其责任是多方面的。一要能守住真理，予以弘扬。二要能招徕民众，施予救赎。三要立身处世，堪为表率。因此，星云大师对于佛法的真义，其理解与体验，虽深刻而精致；而当其弘扬教法时，其所宣讲的内容与传布之方式，却易为现代人了解、接受、信服。不仅如此，更能以其对世事的洞明和对人体谅、爱心、耐心、同理心，找到与人接触点，由而产生共识，发出共鸣。

捧读《百年佛缘》，这部以"纪事本末"与"编年"并用体裁所完成的巨著，除了唤起读者对于过往经历的回忆，了解近现代历史演进的脉络，更让我们认识星云大师对于佛教，对于国家、社会与人群的贡献。

是不世出的宗教家

星云大师在《星云日记》中曾写下这样一首诗："心怀度众慈悲愿，身似法海不系舟；问我平生何功德？佛光普照五大洲。"他是将自己定义为一位宗教家。是"血液与大众分不开，脉搏与群众共跳跃。"是以"给人信心、给人欢喜、给人希望、给人方便"为宗旨的人间佛教倡导者、推广者。

两千五百年之佛教，各教派所创教团，论及规模之宏大，信众之众多，事业之多元，僧伽之素质，服务范围之广，影响之深刻久远，星云大师开创之佛光山之贡献可谓无出其右。汉传佛教自东汉以来，其盛况可谓前未曾有。

古典之大知识分子

星云大师不仅是一位大宗教家，更是像范仲淹那样的古典大知识分子，他的精神正可以“先天下之忧而忧，后天下之乐而乐”两句话来概括。在国命民脉面临危急存亡的时刻，必会以民胞物与的侠义精神挺身而出，如《灵乌赋》所赞叹：“宁鸣而死，不默而生。”并不像那些虽在宗教界享有盛名，却在国族面临危机之际，逃避遁世，讨好当道；或以方外人自居，甘为乡愿。而是挺身而出，以道德勇气、慈悲博爱、果断智慧，提出箴言，指引方向。

革命性的拓展佛教

自佛陀以来，两千五百余年，虽印度与西欧早有接触，当时西方亦无宏大的宗教存在；也未能像邻近且较为便捷的中亚、欧洲西进；反而跋涉蛮荒沙漠、崇山峻岭，进入东土，始得发扬光大。星云大师却能于印度佛教衰败之后，以台湾为基地，逐渐由台湾同东南亚、同大洋洲、同北美、同拉丁美洲、同欧洲、同非洲，遍至全球。道场星罗棋布，僧侣络绎于途，弘法、教育、文化、慈善、救助等各种活动繁多。其徒众、信众非但广纳华人，且各地人士、各色人种之蒙庥者亦众。古往今来，真正使“法水长流五大洲”的实践者，当推星云大师为第一人。

化冲突为和谐

当今之世，罪恶丛生，非行不断，人间充斥着贪婪、暴戾、仇恨、敌意。星云大师鼓励人行三好，做好事、说好话、存好心；施四给，给人信心、给人欢喜、给人希望、给人方便；促进五和，自心和悦、家庭和顺、人我和敬、社会和谐、世界和平。其目的皆在于建立一个和谐友爱的社会。

更能以其开阔的心胸，力倡宗教相互间的了解、宽容、友谊合作。

自古以来即使同为正信的宗教，非但不相往来，甚且彼此抵制、抱持敌意、互相攻击。星云大师与世界上各主要宗教，如天主教、基督教、东正教、伊斯兰教、日本神道教，本土的道教、一贯道，乃至于妈祖、关公等民俗信仰者，皆能以友善、尊重的态度对待。佛陀纪念馆等地对各宗教皆敞开大门，欢迎参访。其所创办之《人间福报》、人间卫视等媒体，对于不同宗教之消息，同样的不排斥，给予刊播的机会。其目的在于促进各宗教能放弃传统、成见、包容、尊重、建立友谊，共同携手为世界和平，人类福祉而奋斗。

建立无私传承新制

向来佛教道场及其产权事业，皆采师徒相继之私有制，并无合理之制度。以致内部分帮结派，相互争斗；或俗家介入，争夺寺产。星云大师有鉴于此，乃于佛光山丛林规模初俱之始的一九八五年，依民主之方式，自创之机制，自动退位为佛光山永久之义工。佛光山寺之住持，其产生乃由全体僧团选出代表，再由各代表选出宗务委员，最后由宗务委员互选一人为宗长出任。迄今已历九届，运作无碍，顺利发展。其光明磊落，无私无我，为佛教传承建立可大可久的宏规；实乃革命性之创举，为各大宗教所无，最能凸显其宏远的识见与崇高之人格。

人格者之典范

伦理学家自柏拉图以来，在论及人之所以为人，人之所以能超越其他生物，凸显人的卓越性时，最常提出的衡量标准，即所谓“六大观念”。这六大观念分别是：

（一）德。指人对自己、对人群、对众生与宇宙均负有责任，一方面要努力实现本身天赋的潜能，不断提升自我的价值，另一方面还要尽力促使天地万物形成富于美与秩序的和谐整体，超越时空的限制，成为真正顶天立地的人。（二）中庸。在希腊文中，“中庸”一词的意义解释为“适度的节制”，一个人，因能节制，才能弃却贪欲，正如中文所说的“无欲则刚”。只有如此，才能秉持自己的意志，积极地规划人生。（三）正义。罗尔斯在所著《正义论》一书中，定义“正义”一词，用了以下的文字：“在大家共同认定的一套政治、经济、社会、文化体制之下，使人人都能获得利益，并觉得自己的未来是有前景的。”正义是一种合乎人道主义的公平，只有依诚实、勇敢、刚毅才能将其实践。（四）行善。一个人能爱人如己。若为了自己的利益而伤害他人，是恶。善是慈悲济众，还得给人希望，恶是让人绝望。对治邪恶，最好的方法是努力行善。（五）勇敢。是出之于人类更高的善，是秉于内心的良知，是“知其不可为而为”的行为。只有克服恐惧，面对死亡，为他人而冒险犯难才是真勇敢。（六）虔诚。是能真诚地面对自己，对父母、师长感恩，对国家人群竭智尽忠，对万物珍惜爱护，对上天、神明、佛陀礼敬崇拜。

半世纪前林衡哲先生编译《二十世纪代表性人物》一书，感叹在三十六位人中之杰的表率人物中，竟然未见一位华人，甚至整个东亚地区也无一人上榜。今林先生若有机缘能得读星云大师这部兼顾历史、佛教与个人传记之巨著《百年佛缘》，再编《二十一世纪代表性人物》时，当可弥补此一缺憾。

高高山顶立，深深海底行

国际佛光会中华总会秘书长　觉　培

觉培法师，一九六六年生，十五岁在阿根廷读书，不断思索生命的意义。一九九八年追随大师出家。曾任佛光山丛林学院教师、佛光山胜鬘书院教师、台中光明学苑主任；现任国际佛光会中华总会秘书长、佛光山宗务委员、人间佛教读书会执行长。二〇〇二年起肩负成立人间佛教读书会的责任，致力推动并积极落实生活书香化理念，至今已发展两千余个读书会组织，成为全球最大的华人读书会社团。

人类走过的近百年，从战火连天的动乱沧桑，到科技文明日新月异的繁华世界；中国佛教的近百年，从风火残烛的存亡间，到寺庙林立百花齐放的精彩多元。每一个年代的挑战与危机，在智者的眼里，永远是扭转乾坤的新契机，面对政治经济与文化价值的风云起落，能够随顺因缘却又不断创造因缘奇迹者，此人必定乃时代之“巨人”。

思想与观念

何其有幸，今生成为星云大师的座下弟子，从《百年佛缘》的字里行间，读其文如其人。“改革”仅仅为了“除弊”，“创新”只为了广利群伦，大师亦步亦趋地负起复兴佛教的使命，既是独领风骚，就得面对佛教界批评反对的声浪，既是敢说真话，自然得承受残酷无情的打压。正因为怀抱着“不忍众生苦、不忍圣教衰”的梦想，荣辱毁誉在大师眼里如过眼云烟，所有披荆斩棘的过程，都成了弘法的资粮；在冷暖的人我间，老二哲学、跳探戈理论、以退为进、有情有义的作风，使大师结交了无数知心的朋友。在每一项艰困的弘法任务中，永不退票、舍我其谁、心甘情愿地直下承担，让大师写下了佛教无数个第一。

回首一路走来的岁月，在他老人家的口述里，那画面的惊心动魄，时而为天堂，时而为地狱的考验，竟都化为云淡风轻一样的平常心；出入民间或高层，“上与君王同坐，下与乞丐同行”，在他眼里无不是需要关怀的众生。从不轻视青年学子，更不曾漠视女性，佛性平等的思想，在大师的血脉细胞里深深烙印。

忙得废寝忘食，他说“忙就是营养”；病得被迫住院，他说“与病为友”；被人占了便宜，他说“给人利用才有价值”；小徒弟们没大没小，他不以为意地表示“三分师徒七分道友”；生气来告状，他说“要争气，不要生气”；给人伤害时，他说这是“一半一半”的世界；带领义工，他说“要做义工的义工”；对待信徒，他说“要为信徒添油香”；受人恭敬崇拜，他说“什么都不是我的”；历经几度危险，他说“不知道的乐趣”；再忙也要每日阅读写文章，他说“要利用零碎的时间”。《人间福报》十三年来没有一日间断过的执笔作者星云大师，车上可以写，飞机上可以写，弘法路上可以写，就连活动上半场接下半场的十分钟里，也可以写。

何处不净土

悟者的世界何处不净土，大师的书桌既是写作、办公处，也是吃饭、会客的地方，这张老旧得不起眼的大桌子，既能让大师一笔字挥毫，也能谆谆课徒教育弟子。围在这张桌子，谈论的内容有家里动物生了病的话题，有徒众留学调派的讨论，有信徒会员的婚丧喜庆，也有社会族群对立有待化解的问题，当然，这张桌子也是大师口述历史随时讲说的地方。

他的“法堂”总是人来人往，老的可以来，小的也不例外，绝不像外面所想象的“庭院深深”。出门在外，即便有人好意安排总统套房表示孝敬，却往往被徒弟们用来打包行李、堆积结缘品……读到此，身为弟子我们既惭愧但又觉得有趣，一间总统套房，大师不但没有用来享受，反倒是提供给徒弟们方便而已。

其实老人家眼盲心不盲，虽然视力早已模糊，心里却看得清清楚楚，一生弘法遍足世界五大洲，使临济子孙满天下，其由来绝非容易。来自世界二十六个国家近一千三百个徒弟，谁来投诉苦衷，或来自首、告状，总不出他对世间洞察明白的如来神掌：或用“三八二十三”的故事点出常理外还有无上的真理，或留徒弟吃饭以慰劳辛苦委屈；或把人家给他的上等水果全都送给育幼院担任苦行的职事享用，可以说佛光山的弟子住在山上的出家众、在家众没有人没吃过他的苹果、面包；面对来自四面八方的家事、国事、天下事，他总是耐烦聆听，海内外的好事坏事，到了这里，一切变得太平。

花了很久的时间，我渐渐发现他老人家有一种顺应而又超然的本领，知“无常”，所以纳受一切变迁；知“无我”，所以对人没有任何成见；正因为“无住”，所以平静泰然，也因为了知“空性”，所以能生万有。

累的时候，大师就在这个最没有私密的休息处休息，一个小角落就是一个天堂，一张简单的沙发就是他的床铺，短短半小时的休眠，足足让他神采飞扬地再继续弘法。这种惊人的精神力，在医生眼里早已经是个奇迹：五十年的糖尿病，饮食三餐不用特别打理；心脏手术后，他幽默地向医生说“病不怕，怕痛”。脚断了可以去日本弘法，肋骨断了可以因为一句承诺而飞往美国，毫无养病。有时候徒弟心疼，请他老人家多作休息，他反而说：“我不都在休息吗?”弘法在外，有一餐没一餐的，他可以忍着“不吃”，有时信徒诚意端出自己的烹调料理，明明才刚吃饱来的，为了给人欢喜，他也可以忍着“再吃”。大师说，修道人要“能上能下、能冷能热、能大能小、能饱能饿”。这种“能人”的教育，也自然成了佛光山徒众工作处事的应变能力的训练。

给人的哲学

从大师口述历史中，几乎可以看到一个不变的哲学，那就是“给”。在《百年佛缘》内，我们不难看出台湾佛教的演变，在半个世纪前的台湾社会，佛教还是神道不分的局面，光复后历经“戒严”，大师要挑战专制下不合情理的弘法设限；即使“解严”后，社会大众依然对出家人存在着消极避世的概念；就是发展到佛教蓬勃的今天，来拜拜的善男信女，也还将佛教停留在“求”的阶段。而到底佛教的青年在哪里？佛教的人才在哪里？佛教的希望与建设又在哪里？这个问题恐怕需要从一个“给”字说起。

大师写下了无数的歌词，找来音乐老师谱曲，成立佛教史上第一支歌咏队，只为了“给”年轻人接触佛法的机会。青年毕业后需要“给”予工作机会，大师开办幼儿园，让优秀青年有一份别具意义的工作，在“给”幼儿教育快乐的童年，也同时栽培社会未来的中间分子。佛光山的建设，从最早只为了寿山佛学院的空间不足，要“给”学生更宽阔的学习环境。在这一餐不知道下一餐在哪里的窘况下，凭着再穷也要坚持“给”学生一个完善的佛教学院的决心，一生不作经忏佛事的星云大师，到殡仪馆为人通宵念经获得多一些嚓钱，只为了“给”学生聘请最好的老师，付学生的吃饭、水电费。

为了“给”善男信女吃饱，要建个朝山会馆；深怕深夜下山危险，要“给”人过夜，盖了可供人挂单的麻竹园。庄严巍峨的寺庙建筑，过去原是刺竹乱麻的深沟，长得像兰花瓣形的山，如五根手指头高高低低，没有一块完整的平地，从对面山到这边的山，就如同太平洋的两岸彼此相隔遥望，为了“给”人行走，大师带领弟子们靠半天读书，半天挑石挑土的愚公移山精神，填上数千辆卡车的泥土沙石，将几近不见底的深沟慢慢填平，只为了“给人方便”。

在“给”的思维里，只在乎对方是否受益，不在乎自己牺牲多少；大师为了“给”人接受佛法，将经书典籍消化反刍，与现实生活作呼应，用现代人理解的语言，极具生活性的故事譬喻，契理又契机地阐述佛陀的真理。为了“给”人亲近佛教，各寺庙道场纷纷于海内外林立，儿童、大专夏令营、胜鬘游学班、青年禅学营乃至都市佛学院等，无一不在创造给人亲近佛法的因缘。早期的云水医院，到后来大街小巷的云水书坊，更是给人免于病苦，给人知识的精神食粮。这逐步逐步的“给”，让佛教从寺庙走向社会，从山林走入人群，从台湾走向世界，也因为“给”，让佛教走出了一片新天地。佛光山“给人欢喜、给人信心、给人希望、给人方便”的理念，在大师言行举止中，真是说到做到。而佛教徒也渐渐从“求”的阶段，转而“给”的提升，让在家居士们也投入关心社会的行列，在医院、学校从事义工服务，或捐血报恩、环保节能，或关怀弱势、处处给人因缘，“给”所带来其中妙不可言的喜悦，可说是大师在成就佛教复兴的另一个软实力。

慈悲而无畏

如果说大师是一位敢向不同时代的困境提出改革的“勇者”，倒不如说他是道道地地不忍众生苦的“慈悲”所激发的“无畏”。无论在人我间排纷解难，或向威权者提出建言，有为者亦若是。在无畏的背后，靠的是一股强烈的慈悲愿心，隐隐推动着他的血脉。

排纷解难，是为了替人解冤释结；改革创新，是为了扬弃旧社会的包袱；奔走于海峡的往返中，只为了两岸的和平。许家屯事件，他思考的只是如何留住一个知识分子对中国的心；同样的，他曾经要陈水扁“做全民的领导人”，要马英九“不是马英九，而是两千三百万的人民”；他敢向当权者提醒“百姓的利益绝对大于党的权利”，有人说他是政治和尚，殊不知真懂政治的人，谁会讲出如此不利于自己的语言？说穿了，大师是最不懂政治的和尚，只因为他的心中只有“人民”！在我这个做弟子的眼里，他才是一位真正置个人荣辱于度外的“宗教家”。

此时，我想起《维摩诘经》宝积菩萨问佛：“如何修习‘菩萨净土法门’？”佛说：“一切众生界，即菩萨净土。”也就是说：“哪里有众生，那里就是菩萨的净土。”维摩大士之后则呼应了佛陀的思想，“文殊师利问：‘菩萨云何通达佛道？’维摩诘言：“若菩萨行于非道，是为通达佛道。”意思是说：“菩萨面对一切困难处，那里就是通往成佛的路。”

而今，我所见到的大师，向人群里走去，凡有众生需要的地方，便是他无处不在的“净土”；又刹见大师在行佛的每一个困难处，皆转化为通往彼岸的“成佛之路”。

我在“百年佛缘”中

佛光山长老　慈　惠

慈惠法师，一九三四年生，台湾宜兰人。一九六五年出家，同年于苗栗法云寺受具足戒。日本大谷大学文学硕士、日本国立京都大学研究员。曾任佛光山教育院院长，顶着多项“第一”的功德，被誉为佛教界的才女。她是第一位以国、台、日语的语文能力，六十多年来担任佛法翻译的比丘尼；她以典雅、流畅、周全的翻译，正确地传输了佛法本意，因她翻译而得度的学佛者难以数计。法师一生协助星云大师弘扬人间佛教、推展佛教事业。著有《古今谭》等书。

参与青年文艺活动

我之所以今天会成为佛光山的弟子，其因缘来自于我的父亲，是他不断地鼓励我到宜兰念佛会亲近师父，听经闻法，才成就了我走进“百年佛缘”的这段殊胜难得的法缘。

事实上，当时的我是一个不具佛法善根之人，对于要去聆听师父讲经说法，可谓兴趣缺缺。或许我的态度也是当时一般青年人普遍的反应，师父感受到了这一点，不久就特别开设了一门教导大家阅读古文的课程，犹记得当年师父授课的教材，选用了《古今文选》、《古文观止》等等。渐渐地，由于师父讲课生动活泼，也就引发了我们这群年轻人听讲的兴趣，往往在下课之后，又期待着下一次的上课。

就在我们听出兴味，习惯于进出道场之后，师父便开始指导大家写作，并且要求我们一天写一篇文章。每天，师父都很仔细地替我们批改文字、撰写评语，所以每一次大家拿回文章的时候，最期待的就是阅读师父对这篇文章的评论。就这样，在不经意中，跑道场听师父讲课，竟然成了我们这帮年轻人生活的中心，平日的上班乃至与朋友的聚会，反而在不知不觉中被淡化了。

特别是那个时候在宜兰念佛会里，无论是男众或女众的青年，为数众多，师父也会带领着大家从事相关的弘法工作。例如他知道我们爱唱歌，就着手撰写佛教歌词，并且请来音乐家杨勇溥先生作曲，每个星期还安排固定的练唱时间。几次之后，每逢师父在宜兰县内举办各种弘法活动，我们也都会跟随而去，为所有前来听经闻法的人演唱或教唱佛教歌曲。时间一久,在音乐、艺文乃至各项活动的参与中,也就让我在佛教里落地生根了。

随侍翻译六十年

不过,若是说到让我更进一步深入佛教门中的因缘,应该就属翻译工作了。当时台湾人听不懂国语,所以师父讲话都必须依靠台语翻译。其实本来念佛会里就已经有一位李老居士担任翻译,但是师父为了让年轻人也能参与,就从青年弘法队里找了四个人,一人负责三天的讲经翻译,一共十二天;在十二天的讲经圆满后,很荣幸地,我从四位学习翻译的青年当中,被选为日后主要的翻译人员。屈指一算,自一九五三年师父开始在宜兰驻地弘法度众到现在,我已经整整担任了六十年的翻译。

在这六十多年的岁月里,自觉在所有弟子当中最有福气的一点,就是我因为充任翻译的关系,从台湾南、北热闹繁华的大城市,一直到穷乡僻壤,乃至海外各地区,只要师父足迹所到之处,我几乎都是随侍弟子,而得以长期跟随在师父身边受教。甚至可以说,今天我能够游走在世界各地,增广见闻,也都是得之于师父赐给我的这份翻译工作。虽然其他人也有因缘随行,可是他们往往因为职务调动的关系,没有办法全程跟随。当然,过去我也有很多的职务在身,甚至在香港、台湾及日本各地也都做过住持,但是因为师父弘法、讲演需要翻译,我跟随在师父身边的时间也就相对来得多了。

尤其从当年佛光山开山的搬运水泥、砖头、建材,到今日佛陀纪念馆的兴建,一甲子以上漫长的岁月里,我不但有福气跟随在师父身边,而且对于百年来师父所经历的每一个佛教发展的阶段,我也都曾参与或看过,所以我始终认为这是我一生最大的福报。

办理各项文教事业

在这一甲子以上的光阴里，最早师父在宜兰创立慈爱幼稚园；来到高雄后，为了培育僧才，再创办寿山佛学院；直到佛光山开山，陆续又开办了丛林学院、普门中学、普门幼稚园；渐次，美国西来大学、嘉义南华大学、宜兰佛光大学以及埔里的均头、台东的均一中小学等等，也相继成立。很荣幸地，在这许多师父创办的教育事业当中，我一直都是第一个承办人，代表常住建设校园、培养人才。感谢师父让我参与筹备创设的工作，至今想来，仍让我引以为傲的，就是以一个教育工作者的资历来说，我在佛光山教育事业的长河里，资历是很完整的，因为我从幼稚园的园长做起，也做过中学校长、大学教师，甚至于佛光山丛林学院从创办到现在，我也曾蒙师父任命，担任过院长。

总说师父从事佛教教育事业的理想，无论是一般的社会教育，或是专业的僧伽教育，都不是偶发性或者乘兴而来的，早在师父于宜兰弘法开始，就有兴办教育的心愿。

除了教育，师父在宜兰弘法时期，还是一般人连国语都听不懂的时代，而他就已经开始在推广文化工作了。比如在宜兰念佛会办理的《莲友通讯》，这是一本每周发行一次的刊物，师父也让我们这些青年共同参与了编务和发行的工作。

后来师父又在台北设立了一间佛教文化服务处，在那个台湾戒严封闭的时代，真是想尽办法突破诸多困难，才得以出版一本佛教书籍，更何况我们还要把书流通到海外，其艰难也就可想而知。不过即使困难，佛教文化服务处的成立是我第一份全力投入的文化工作，自是让人格外珍惜。

一直到了佛光山开山后，师父再设立了几个不同性质的基金会，除了委由慈庄、慈容承担任务之外，其中“佛光山文教基金会”专事于佛教学术活动和研究的推展，以这个基金会作为弘法基础，师父又责成我去推动他的理想。例如：佛学会考、人间音缘佛教歌曲征曲比赛、梵呗赞颂团世界巡回演出等等。举凡这些活动，都是先立足于台湾，之后才又再推展到全世界去的，而至今也都在持续发展中。

甚至一九九二年，国际佛光会世界总会于美国洛杉矶成立，我也是第一任的秘书长。总之，很感谢师父从学校的创办一直到国际佛光会的成立，任何一个新发展的事业，都因为信得过我，让我去走第一线。

别人认为做不到的都做成了

那么，在参与这许多佛教事业的过程当中，也让我更加明白师父一心想要推动弘法事业的决心。尤其看在眼里，觉得资源不足、不具条件而难有作为的事情，每当师父带领着我去执行的时候，都变得非常容易，而且助缘源源不断。可以说，这是我在师父一生弘法的历程中，所感受到最不可思议的事了。套用一般人的说法，许多看似“不可能完成的任务”，在他的指导下，只要你肯确实执行，都会讶异于过程的顺利和善因善缘之多。

就以当年师父在高雄创办寿山佛学院来说，早期台湾的出家人都是到自己法派下的佛学院就读，不可能进入其他佛学院参学，而师父是一位来自大陆的出家人，在台湾没有法派关系，又怎么可能招收得到学生呢？但是出乎意料之外的，最终寿山佛学院第一期招生竟然满额。

甚至于当时台湾各地的佛学院都只限定招收出家众，不收在家众，但不知为何，师父竟然招收了在家众。现在看来，事情是很简单，其实它深深地影响到三四十年后的佛光山。过去很多在家年轻人有心向道,却没有因缘到寺庙学习,如今他们也就可以先到我们的佛学院接受教育了。这当中,有些人在受过佛学教育,适应了僧团生活后,发了道心,这也可以说是后来佛光山僧众增加的原因之一。尤其当中许多僧青年在受过正规的佛学院教育后,对自己未来弘法利生的方向更加清楚,进而成为日后佛光山在全世界的数百个道场能够顺利运作的推手。所以,佛学院的教育可谓是僧才培养的关键时期。

又例如,当年师父动念要兴办大学、《人间福报》、人间卫视等事业的时候,几乎周边的人都劝他不能做。要办大学了,有人就劝说:"现在少子化,会招不到学生,何况办大学又是一个很花钱的事业,需要一笔庞大的经费。师父,您就不要办了吧!"

想要办《人间福报》的时候,正逢社会上报业不景气,许多报社纷纷喊着要关门,有人又对他说:"师父,您不能办报纸,那会办不下去的啊!"但是师父认为,佛法需要借由报纸来弘扬,为了佛教需要有一份报纸,好能为佛教自己发声,他当机立断再办了《人间福报》。纵使报纸办成了之后,还是有很多人说:"你顶多只能撑上个两三年就要关门了!"但是师父始终相信可以做得好。

设立电视台的情况也是如此,劝退者众多。不过,虽然这个时代是电子媒体的战国时代,办电视台又是一个非常花钱的事业,可是为了佛法的弘扬,师父还是勉力地办下去了。

事实上,直到今天,无论是大学、报纸或电视台,都已经撑持了十几年,不但成为台湾佛教一股很大的力量,也成为行业里令人刮目相看的绩优事业。

凡事以大众利益为出发点

很多人经常对我说:"你师父很有办法,能力很强!"但是在我觉得并不只是这么简单一说而已，他一生所建立的正确观念，才是让他可以把事情做出去的关键。

在《百年佛缘》当中，我不仅亲见了师父所走过的路，也明白他对人、对事的基本态度——我是众中之一；因为“我是众中之一”，所以举心动念都是为大众着想。例如在师父的想法，借由弘法事业的参与，能够让人与佛法结缘，是很重要的事情，但是如何让每一个人有能力，而且不为难地去参与，也是他所关心的。

比如需要以几十亿元才能建成的大学，师父竟是发起“百万人兴学运动”，以小额捐款的方式，让每人每月只要捐献一百元。当初有很多人不相信一百元能够建大学，但现在事实摆在眼前，南华大学、佛光大学都早已顺利完工启用了。最难得的是，所有捐款人也都很欢喜，想不到自己也有能力参与兴办教育的好事。可以说，这都是师父凡事为大众着想所促成的好因好缘。

另外还有许多佛光山的事业也是如此。像佛光山开山之初发起的“朝山团”，每周发车从台北南下佛光山，三天两夜的食宿加上车资，竟然只酌收每人两百元。有人不解，就说了：“师父你既要租借游览车给人坐，人来到佛光山之后，又要提供他们吃住，怎么可以只收这么一点钱呢?”其实，在师父的心里，并不是以金钱的多寡来考量事情的可行与否，他只不过是希望让每一个想要到佛光山的人都能来得成，也就宁可少收一点钱，来满足大家的心愿了。

甚至于当年佛光山举办“万缘法会”，也同样是每个人只要捐献一百元，就可以把全家人的名字写上消灾禄位或超荐牌位。有人就说：“师父，一百块不够啊！你既要供应大家吃住，还要举办法会，那是需要很多开销的啊！”但是在师父的想法，他只是要让每一个人都有参与法会的因缘，所以数十年至今，还是维持“一百元”的功德。就是到了现在，佛陀纪念馆推出的一百元素食自助餐，也是秉持着这种为人设想的理念而做的，希望让所有人都能没有经济负担地享用斋饭。可以说，师父在运用小钱完成大事方面，是很有见地的。

如今佛陀纪念馆自落成以来的一年里，已经突破参观人次千万以上的纪录，也是因为建筑、设施、动线规划等等，都以大众的便利为考量，而为众人所称道。像：馆内无障碍设施的完善，让许多行动不便者能够毫无挂碍地参观、礼佛；进馆不收门票，让欢喜到佛馆的人，都能够在没有金钱负担的情况下，再度光临。凡此种种，都是因为师父处处为人着想，而让前来参观或礼佛的人，无论男女老少都能心生欢喜，日后不但自己一次又一次地返回佛馆一游，还呼朋引伴一同畅游佛馆，也就成就了今日佛陀纪念馆千万人次进出的纪录了。

总说一句，很多人认为不可能的事，最后之所以都变成可能，就是师父凡事无私无我、为大众着想的理念所成就的。我想，这是我在百年佛缘的岁月里，所看到师父最微妙的弘法度众三昧了。

从大师的行谊看他的成就

佛光山长老 慈 容

慈容法师，一九三六年生，台湾宜兰人。礼临济宗第四十八代传人星云大师座下出家。一九七四年负笈日本京都佛教大学，专攻社会福祉。一九九八年荣获西来大学荣誉博士学位。历任台北道场住持、澳大利亚南天寺住持、美国西来寺住持、佛光山都监院院长、教育院院长、慈善院院长。现任国际佛光会世界总会秘书长、中华总会署理会长、人间卫视董事长、日本佛光山教区总长。著有《我看美国人》、《佛教史上的改革创见大师》。

我的师父星云大师的《百年佛缘》即将出版了！此时此刻，所有的弟子都希望搭着他历史的便船，表示一点意见，在漫漫的长河中，欣赏岸边的风光。

大师是一个什么样的人呢？在弟子们的心目中，他巍巍乎，犹如高山；浩浩乎，如同大海，实在难以再用其他言语来形容他的崇高伟大。就是现在，我也只有借着略说他的行谊一二，以期能窥全貌了。

他什么都不要

在我跟随大师学佛、出家的六十多年岁月里，我见证了他为人处世一个重要的信念，那就是——什么都不要。例如历经千辛万苦，好不容易才建立起来的事业，他拱手就让给人家去主持了。像电视台办成了，他就交给社会的专业人士去经营；《人间福报》办成了，他就交由专业团队去办理；大学办成了，他只管找到好校长，其他校务一概不过问。可以说，今日大师之所以能够成就那么多的事业，就是他凡事不据为己有，什么都不要的理念所造就的。

回忆过往，在和大师的闲谈中，听他讲说过年轻时的为人行事。当他即将离开焦山佛学院的时候，曾经把所有的物品都分赠给了同寮的道友，自己只带了些许乘坐火车的车票钱，便孑然一身回到祖庭宜兴大觉寺礼祖了。

相继地，在大师二十三岁来到台湾前，恰是他在南京华藏寺担任住持的时候；临行之际，他将所有的东西通通交给了智勇法师等几个职事，自己也仅带了一张身份证，就孤单一身地来到台湾。

大师常说“以无为有”，我始终认为，正是因为他什么都不要、什么都不据为己有，所以能成其大、成其多。

他要给人接受

大师从小就建立了“给人接受”的观念，想到要让父母、亲族乃至于认识他的人都能接受他，所以他不能不正直、勤劳、礼貌、和平、慈悲爱物。就是出家后，他走起路来，也一定是行如风；坐下来，一定是坐如钟；睡下来，一定是卧如弓；站，一定是立如松。为何如此？倒也不是他非要讨人欢喜不可，只是不要让人看了心生讨厌。因此，大师一生什么都不要，但很重视自己的形象，不但讲究行止的威仪，也重视做人的正派。

他在大众之中

我所见到的大师，一生从来没有所谓“个人”的时间，他一直都是生活在群众中，从早到晚，随处随地，身边总有一群僧信弟子跟随，也就别说会有超过五分钟让人家不知道他行踪的纪录了。换而言之，他每一刻的生命都是为了别人的需要而活。

尤其大师从小在丛林里长大，青少年时期睡“广单”，早已习惯人来人往的生活，所以至今就连他的法堂也像是路口一般，不时都是徒众满座。正由于他这种不舍一人，活在众中的生命态度，所以大众欢喜亲近他，也真不是没有道理的了。

他的无私无我

每到了常住“期头期尾”人事调动的时候，大师总会告诫负责调派工作的传灯会职事，要提携后学担任住持、当家；只要这个人无私无我、有供养心、接纳大众，就是最好的人选。

向来，佛教讲究“众缘和合”，所以举凡道场的建立，大师都是劝勉徒众要以“无我”的精神来主持建设；因为道场不是为一个人建的，是为佛祖、为大众而建。当初佛陀纪念馆所以能够顺利建成，也就是在大师这种无我而为人的理念下完成的。

大师的无私无我还表现在不私蓄金钱、不积聚财富上。他真是奉持了戒律里的“不捉持金银戒”，每每有善款进来了，自己都还没有经手，立刻就又透过弟子转交出去了。佛光山许许多多事业的发展，都曾经受益于他的这种响应。

尤值得一提的是，大师出生在穷苦的家庭里，自幼没有入学读书的因缘，至今连一张小学的毕业证书都没有，但是佛光山开山之后，他却将徒弟一个一个地送到海外留学，从最早到日本，而后到美国，转而又到英国、印度等地留学。虽然过去也有日本某大学发给大师入学证书，但是最终因为信徒的一句话：“师父！你去读书，那我们怎么办？我们不就都成为学生的徒弟了？”所以大师宁可选择放弃个人的理想，把因缘留给了别人。

也有教界人士语重心长地对大师说：“你让徒弟去留学，将来他们都会比你更能干啊！”大师对此则是轻描淡写地回答：“本来就是希望他们有用啊！”事实上到了现在，海内外大学主动颁给大师的荣誉博士学位，就已经有十多个了。

可以说，大师无私无我的精神，为佛教也为社会树立了良好典范。

他的以退为进

若说大师做人处事全然都是容忍、退让，那也不见得。每当佛教遭受讥谤、伤害时，为了护法卫教，他总是率先挺身而出，不为个人得失计较；甚至为了让佛教能够立足于公众面前，他更是毫不怯弱地维护佛教的权益。可以说，这都是因为“无我”的关系，才能勇敢担当。他的勇于承担，就如同他所说的，他从小是从枪林弹雨中走过来的，还有什么事比这更可怕的呢？

不过，大师的奋勇当先，完全是为了佛教的发展，他对于个人的名闻利养，则是一点都不企求。尤其大师具有“与世无争”的性格，像过去他有意加入“中国佛教会”，为佛教服务，却反而受到佛教会的抵制、刁难时，他选择了相忍为教，以退为进。事实上，当时看似消极的容忍，从另一方面看来，则是积极的忍耐，如今大师在世界各地创建了两百多所道场，在五大洲成立了三千多个佛光协会、分会，也就足以证明这一切了。

他的改革创新

大师自小虽然接受丛林封闭、专制的教育，但是思想上却从不守旧，他深深以为佛教要发展，在弘法方式上必须不断求新求变。因此，在台湾弘法的六十多年里，大师推动了许多的改革与创新。例如，他倡导“度生重于度死”，一改过去人死了才找出家人诵经的情况，进一步举办了成年礼、佛化婚礼、报恩法会等等，为生者祈福祝祷。另外，他主张重视现世的富乐，更甚于追求来世的往生极乐，故而推行“药师法会”，希望人人都能把握今生培植福德的因缘。

甚至有感于过去的佛教只注重义理，不包容其他，使得佛法不能普及于社会，因此大师提倡“佛教与艺文结合”，成立了美术馆、建设了净土洞窟，乃至在讲经开大座中安排表演节目等。

特别是在佛教的义理方面，大师在不违背佛意之下，又做了更进一步的诠释。例如，他为了避免一般人误解佛教的“空”义，主张“四大皆空”即是“四大皆有”；为了让人们对生命的生生不息怀抱希望，而将“生老病死”新解为“老病死生”。

总说大师数十年来对佛教的改革创新，真是让佛教走上了世界，迈向了社会，进入了家庭，深深地烙印在人们的心里。

他不为己设想

当年，大师为了办学而来到蔓径荒草、人迹罕至的“麻竹园”开创佛光山。几经他的苦心擘画，佛学院男众、女众校舍首先完工；相继地，大师为了来山信徒食宿的方便，又兴建了朝山会馆、麻竹园；乃至于为能提供信众一处礼佛修持的殿堂，再建设了大悲殿、大雄宝殿、禅堂、念佛堂。然而在这许多建筑陆续完成之际，徒众们心所希望的，还是为大师兴建一所法堂。只不过这个期望，几年下来都被大师拒绝了，直到金、玉佛楼建设期间，心平和尚才促成了建立法堂的因缘。由此可见，大师的一生，总是把大众的需要摆在优先位子，对于自己的事情也就不是那么关心了。

他愿给人利用

一般人都怕给人家利用，但是大师认为，能够给人家利用，才表示自己有价值。因此，像佛光山大悲殿落成不久，于台北教授禅修的南怀瑾居士带领着学生来到本山打禅七，尽管当时本山的经济条件尚称拮据，但是大师还是乐于成事，几天之中，主动提供一切吃住。甚至于日后为了帮助佛光山所在的大树区农民推广“玉荷包”荔枝，大师更指示扩大举办“国际水果节”，不但不收设摊费用，还鼓励海内外信众踊跃订购，丝毫不计较开山之初当地居民对佛光山的强烈排挤。

尤其是，当第二届世界佛教论坛史无前例地在无锡开幕、台北闭幕时，大师特别让国际佛光会以包机的方式，载送所有与会人

士来到台湾，并且给予一切招待，可谓极尽地主之谊。另外，2013 年初高雄长庚医院在佛陀纪念馆举办的“活体肝脏移植高峰会”，大师更是不惜一切供应所需，最终让来自世界各地顶尖的医学教授欢喜而归。可以说，无论是硬体的设施或是人员的协助，只要有益于社会和谐进步、佛教增上发展的，大师都愿意让大家多多利用。

他因“给”而成就

过去“监察院长”陈履安先生说：“大师的成就都是‘给’出来的。”确实不错，早年大师为了要在宜兰念佛会办理慈爱幼稚园，派遣了三个人（我、张小姐、林小姐）到台中师范大学接受幼教师资培训。犹记得当时他一个月的单银只不过是台币两百块钱，但是自我们去培训后，大师竟每个月都分别拨出每人五十块钱给我们作为生活零用。

有信徒知道这件事之后，语带抱怨地对大师说：“你尽是培养年轻人，那有什么用啊？”当然，那时候寺院的净财收入有限，大家眼底看到的都是钱，青年没有工作不可能布施钱财，也就难怪信徒要因担心而怪罪了。但是在大师的理想，为了佛教的发展，佛教要有自己的事业、佛教要有自己的人才，就不去在意这许多人的严词厉色了。

再说一般人对于自己苦心开创的事业，都不会轻易交手，但是大师经常为了惜才，或者让佛教事业有更大的发挥空间，总是毫不眷恋地就送给了别人办理。像是几十年前创办的智光商工职业学校，四年前创办的台东均一中小学，虽然建设都是耗费甚巨，最后大师却二话不说地，就交由有心教育的人士继续经办。

在大师的理想，所谓“舍得、舍得，有‘舍’才能‘得’”，综观他一手创立的佛教事业，经常都能走出困境，做出成绩，应该就是“有舍有得”的最好证明了。

他弘法多元化

大师弘扬的人间佛教，处处以人的需要为起点，因此，在时间上，他谈古说今，旁及中外；在空间上，他从寺庙弘化到社会，从乡间弘化到都会，从岛内弘化到岛外；在对象上，他从老人说到儿童，三根普被，不舍一人；在方式上，他从艺文到歌咏，从说唱到舞蹈，从电台到报纸，从救灾恤贫到养老育幼，从监狱说法到大学宣讲，从禅修、念佛而到禅净密三修等等。

在佛经里，佛陀说法经常运用神通、譬喻等种种方便，佛陀如此，而大师的弘法多元也可以说为现代佛教更添上了丰富的内容了。

《华严经》云：“若人欲识佛境界，当净其意如虚空。”实在说，要真正认识大师，六十年也是不够的；如同弟子们常常对大师说的：“师父！我们没有办法了解你。”诚哉斯言也！

师父印象

美国西来大学执行董事　依　空

依空法师，一九五一年生，台湾宜兰人。一九七六年出家，同年受具足戒。台湾高雄师范大学文学博士、日本东京大学印度哲学研究所文学硕士。曾任《普门》杂志主编、社长，普门中学校长，佛光山"中国佛教研究院"副院长，美国西来寺住持，《人间福报》社长，佛光山宗务委员会委员。现任美国西来大学及台湾南华大学董事会执行长兼教授、国际佛光会世界总会理事。著有《顿悟人生》、《一字禅》、《采风风采》等书。

《论语·子罕》篇中，孔子最优秀的学生颜回赞叹他的老师说："仰之弥高，钻之弥坚，瞻之在前，忽焉在后。"表示孔子的境界如高山仰止，景行行止，无法臆度。《里仁》篇中，有学生问孔子的学问道德，曾子回答说："夫子之道，忠恕而已矣！"从一九七三年参加大专佛学夏令营，自觉地皈依佛教以来，亲近师父倏忽已有四十年了。愈亲近他，师父愈像一座巍峨的高山，愈无法掌握他的形与貌。师父一生阅历太多的奇人妙事，一百六十万字的《百年佛缘》，描述的正是这些佛缘身影。一个人能在有限的数十寒暑，活出如此饱满、睿智、欣怡、多彩的生命，本身就是让人惊叹的奇人妙事，实在无法以二三言语来管窥、概括。

家人中，我并不是第一个皈依星云大师的弟子，早在五十多年前，二姐、五姐就在宜兰雷音寺皈依师父门下，法名分别为慈珊、慧庄。家中佛堂摆设有木鱼、磬。小时候非常羡慕她们能用流利的闽南话背诵出《普门品》、大悲十小咒、《阿弥陀经》等经文，以悦耳悠扬的音声吟唱各种佛赞。可能是如此的耳濡目染，多年后唱诵梵呗竟然成为我的本业、当行。五姐还差一点去寿山寺就读第一届佛学院。当我第一次上佛光山时，师父就说我们三姐妹是"有心栽花花不发，无心插柳柳成荫"，我要把她们二人的菩提慧命也修成圆满。

幼小时，台湾整个经济尚未起飞，每年雷音寺的佛七是我们小孩子最盼望的节日，每晚七点半到佛堂乖乖念二小时的佛号，听佛教故事，然后等着甜甜软软的点心，有沙琪玛、素菜包子、寿桃，我最爱面粉做的佛手。"欲令入佛智，先以欲钩牵"，因缘不空过，上大学时，我就被这双佛手接引进了佛光山。

辞去彰化高商的教职工作，带着一身的新奇、兴奋、热忱，“为求真理登净域”，我上了佛光山。师父给我的第一份工作，是他的一篇演讲稿，他像朋友似的说，讲演稿里不顺的地方可以润饰一下。师父的开明、民主、包容风范，深深烙印我的心中，种下日后我记录他讲演集的因缘；当时，心定和尚、慈怡、依淳、依晟、永本、吉广舆，乃至后来的永庄、满果等都一起参与了演讲集的整理，就像现在这一部《百年佛缘》，由师父口述，书记室多位弟子为他记录一样。

万籁俱静的夜晚，当大家美梦正酣时，我爬着方格子，把录音带里师父浓重的吴侬口音，化成字字珠玑，脑际忽然浮现一首诗偈：“手把青秧插满田，低头便见水中天。六根清净方为道，退步原来是向前。”往往退到最后一格，一篇两万多言、充满文字般若的演讲稿便完成了。我有农夫耕耘园田的快乐，我耕作的是一块智慧福田，思忖自己无法成为伟大的思想家时，至少要做个把伟大的思想传播十方的人。《论语》、《孟子》、《六祖坛经》、天台大师的法华三部，不都是弟子们所传录的吗？

我是个个性疏懒的人，勤于读书，懒于笔耕。师父认为我既然读的是中国文学系，应该喜欢动笔。受到他的鼓励、督促，我偶尔也涂鸦一番。读了他的《释迦牟尼佛传》，我油然兴起撰写《星云大师传》的念头，但是日子愈长久，觉得师父就像庐山一样，“横看成岭侧成峰，远近高低各不同”，只因自己身处庐山之中，无法了解庐山的烟云真貌，只好颓然搁笔。幸好有符芝瑛、林清玄等先生的大作，弥补我们弟子未竟的工作。

师父是个勤于笔耕的人，除了典座是他的最爱之外，文教一直是他最关心的佛教事业。汗牛充栋、学富五车、著作等身，都已无法形容他的文化耕耘成果。早年他写《玉琳国师传》、《十大弟子传》，一直是佛光出版社的畅销书。我说：有一天我也要写出佛光山的十大弟子传。他告诉我一段公案：他少年读书的栖霞禅寺，山后有座千佛窟，有一位僧人雕刻了一千尊佛像，仔细一数，咦！怎么少了一尊，再补刻一尊，小心翼翼再数，哇！还是少了一尊。这位僧人于是纵身一跃，飞入石窟中，成为第一千尊佛。霎时我感悟到师父对我的期许，这是一位慈祥的长辈希望他的子弟“向上一着”的殷殷教诲。

四十年过去了，他让我承担各项如来家业，诸如佛光山丛林学院、普门中学、南华及西来大学的教育行政工作，海内外的寺院法务、传灯会、文教基金会、佛光会、文化院、人间福报等等历练。让我们读万卷书、行万里路、做万种事、结万种缘、度万种众、修万种行，他希望弟子们个个杰出，成圣希贤。做为佛光山的弟子有一种大福报，就是永远有一位谆谆善诱的长辈，老婆心切地教导你。

一九七七年九月，“中日佛教关系促进会”在日本召开，师父担任台湾的会长。之前师父就拜托达和法师为我申请日本东京大学的入学手续，又承蒙慈庄师兄教我日文，填写相关资料。大会结束之后，师父带着我去拜访日本巴利文权威、驹泽大学副校长水野弘元先生，透过慈惠法师的日文翻译，央请水野教授担任我在日本留学期间的监护人。步出水野先生宅第时，师父悠悠地说：“世间的父母望子成龙、望女成凤的心情，正是我现在的心境写照。”佛门父母对于子弟的呵护和世间父母原来没有两样。我问师父要攻读哪一个宗派？他淡淡地说：“把僧衣、僧鞋、僧袜穿好了。”日本佛教因为特殊的历史因缘，自镰仓佛教时代亲鸾创净土真宗以来，逐渐走向“妻带”的在家佛教化，师父要我们把出家人的本分守好，本固自然道生。佛光山派去日本留学的弟子都能不辱所望，学成归来，服务常住。

师父心思细腻，待人慈和。有一次父亲到佛光山小住几天，老人家身患多年肠胃毛病，记忆中他不能进食米麦五谷，不慎饮食，便呕吐不已，只能吃花生汤。因此，兄姐特地为父亲准备一锅花生汤，带到佛光山做为主食。师父问我父亲来山食宿可好？我正要去朝山会馆烹煮花生汤，只好据实以告。翌日清晨，师父把我叫到老慧明堂，把侍者为他准备的花生浆交给我，嘱咐我煮给父亲食用。这件事父亲直到往生前还念念不忘，感恩在胸怀。我的色身父亲教我"滴水之恩，涌泉以报"，知恩、感恩、报恩的千古道德，我的慧命师父则教我布施、慈悲的修行功德。

师父念兹在兹的是佛教如何弘扬、扩展、延续，他到印度传戒，希望"回归佛陀的时代"，把佛教重新传播到佛陀的故乡——印度。他更关心佛教在台湾乃至大陆的正常发展，修订一部健全的《宗教法》是他多年锲而不舍的心愿。"立委"杨宝琳等一行人曾到佛光山拜访，了解佛光山对于《宗教法》的看法，师父当时是咨询顾问。全山严阵以待，师父带着我们亲自招待。当一群贵宾参观完佛光山的殿堂，回到朝山会馆时，师父对着恰巧站在他身旁的我交代说："泡茶！"我跑到柜台转达师父的指示，不想柜台的师兄对我说："停水。"我少不更事又小跑步到师父身边说："没水。"老人家用严厉的眼神喝斥我："这个时候跟我说没水。"我吓得转身跑到柜台："赶快泡茶！"厨房里于是人仰马翻想办法去提水，最短时间内泡出热气腾腾、香气扑鼻、琥珀颜色的茶水来招待贵宾。

客人茶足饭饱离开佛光山之后，师父集合我们二十余位弟子检讨工作得失，他语气凝重地说："今天第一个应该被检讨的人就是依空，漫说以水泡茶，我恨不得将身上血液化为清水，煮成好茶来供养客人，以解他们的饥渴。"

我后来从佛陀的本生故事，看到让我震撼感动的记载：佛陀过去曾出生为国王，发愿普施国中一切众生食物。国王担心大臣们态度傲慢，让受者感到不受尊敬，亲自监督布施工作的进行。他看到百姓们欢喜地接受布施，行列外却有五位头戴冠冕、身材魁伟的大汉，伫立路旁作观望状。国王谦和地问他们为何不接受供养？大汉们说自己是吸血鬼，国王施舍的是世间一般食物，他们无法消受。国王于是挽起衣袖，露出健壮的手臂说："我今日既然发愿普施一切众生，愿无虚发，你们一定要接受我的鲜血供养。为了让你们免除生生世世沦为吸血鬼的饥渴痛苦，我更发愿未来若我成佛，一定先来度化汝等五人。"这五位吸血鬼就是佛陀最初的弟子——五比丘。原来我的师父他所实践的是佛陀的大悲心，这是累劫多生所长养的慈心悲愿，遇缘自然喷发。

佛陀在印度创建了佛教，阿育王派他的王子把佛教传播到了斯里兰卡，师父则把佛教推广到五大洲，让有阳光处就有佛光，有流水地就有法水，人间有佛法，推动佛教人间化、现代化、事业化、国际化，为佛教写历史，大师自己也在历史中留下不可磨灭的定位。

读《百年佛缘》，看“人间佛教”

佛光山开山寮书记　满　义

满义法师，一九六一年生，一九八八年于美国洛杉矶西来寺受具足戒。爱好读书，擅于文字，曾任佛光山《觉世》旬刊、《佛光通讯》、《佛光世纪》等编辑及佛光山都监院文书、法堂书记室书记多年，忠实记录大师开示内容，如《佛光世界》、《迷悟之间》、《星云法语》、《普门学报》中“当代问题座谈纪实·佛教对各种问题探讨”单元等。二〇〇〇年四月担任《人间福报》主笔。现任为佛光山传灯楼人间佛教研究室研究员、佛光山开山寮书记。著有《星云模式的人间佛教》。

毕生以弘扬“人间佛教”为职志的佛光山开山星云大师，二〇一一年应“国史馆”之邀，口述当代历史，出版了一套名为《百年佛缘》的近代史书。

此书是星云大师走过大时代的历史回顾，此中时间长达一百年，空间横跨五大洲，人间的世情百态包括时代的发展变迁与佛教走向人间的弘传过程等。阅读《百年佛缘》，不但可以一窥当代的时尚文化、风土民情，以及诸多历史事件发生的始末，尤其书中述及的人物，包括宗教、艺术、文化、教育、政治、军警、司法、经济、企业、媒体、演艺、医界、体育、学术等，古今中外各领域的人士多达四千多人，由此可见大师平时结缘之广，以及见识与人生阅历之丰富了。从书中各界人士与大师的互动，乃至他们个人的生平际遇与成就，在大时代里交织出的人生百态与寰宇万象，乃至大师对世出世间的人情世故与佛法义理的分析、看法，林林总总，可以说各种常识、知识之丰富，都非一般史书所能比拟。

由于《百年佛缘》内容丰富多元，加上这套书的文体与大师平时写作的风格一样，简洁流畅，平易生动。大师透过口述，把一个世纪前后，在人间舞台上有过互动的许多人与事娓娓道来，内中除了有他个人经历、见闻的史实与轶事，更有许多温馨感人的小故事，以及充满积极、正向的思想观念，是一部知性、感性与理性合而为一的自传体史书，可谓百年难得一见，因此出版后很快就被抢购一空。

二〇一三年佛光山宗委会重新出版大师的《百年佛缘》，从原有的五十九篇增加为一百一十篇。“增订版”的《百年佛缘》内容更加充实有看头，从中不但可以看出近百年来社会发展的轨迹，还可以了解人间佛教弘传的进程与脉络，尤其大师个人成长的时代背景与心路历程，以及如何把人间佛教弘化到全球五大洲的心情感悟，书中历历可见。

说到“人间佛教”，不免让人联想到太虚大师倡导的“人生佛教”。过去一般人总把太虚大师奉为人间佛教的先驱，甚至就连被肯定为“实践人间佛教第一人”的星云大师，也对太虚大师革新佛教的精神表示钦敬。

然而众所周知，当年太虚大师虽然感于佛教日渐衰微，矢志改革，但由于太虚大师没有自创道场做为推动新佛教的据点，加上跟随他的弟子，也就是核心的干部不多，因此在“六成就”不具足的情况下，最后功败垂成。

反观星云大师于一九四九年到台湾，虽然当时台湾佛教处于一片荒漠，但经过大师用一甲子以上的岁月，铺天盖地地展开“全方位”的弘化，到了今天，终于获得了让他感到欣慰的成果。如《自序》里说：台湾佛教得以从取缔拜拜，到改良拜拜；从新寺不准建、旧寺不准修，到自由修建；从戒严期间不准集众讲演弘法，到开放弘讲；从寺院驻兵，到迁离还寺；从取缔佛学院，到佛教大学林立；从限制僧尼出国参访，到海内外自由行脚；从三更半夜调查寺院户口，到现在不再听闻此事……乃至在佛教人口结构上，从老年到青年，从香客到义工，从私塾读书到硕博士生，从台湾不重视女众到现在比丘尼撑持起佛教半边天，主持佛教会、担任住持、大学教授，负责编辑出版……

大师不但让佛教活泼泼地走入人间，并且从传统走向现代，从山林走向社会，从寺院走向会堂，从唯僧走向和信，从独居走向大众，从老年走向青年，从经忏走向事业，从行善走向传教，从散漫走向制度，从遁世走向救世，从地区走向国际。他让一向被批评为消极、落伍、迷信、散漫的佛教，一改而为人间化、生活化、制度化、社会化、国际化、年轻化、智识化、现代化的“人间佛教”，不仅成为廿一世纪佛教发展的主流，并且在无形中引领着人类前进的脚步。

探讨大师成就的最大因素，一者大师弘扬人间佛教能确切把握“佛说的、人要的、净化的、善美的”根本精神与重要原则，再者，大师具足人间佛教行者应有的“因缘观、平等心、菩提愿、般若智”，因此他能成功的把佛教推动、落实在人间。

此中就拿“因缘观”来说，大师深懂因缘的重要，他曾说：“我一生弘化，从不强求，凡事只是随顺因缘、尽力而为罢了，从来不企求得到什么，然而世间事只要有心，只要有愿，必能待缘而成。”

大师深知世间万法都是靠因缘合和而成就，因缘具足才能成事。尤其他看出佛经里，佛陀每次说法，都必须具备六个条件，称为“六成就”，也就是：信成就、闻成就、时成就、主成就、处成就、众成就。因为有此“六成就”，所以讲经的法会圆满后，大众都会“信受奉行，作礼而去”，这是佛经一个非常科学的记事。

因为大师懂得“众缘和合”的重要，所以他能“无我”地随缘弘化，因此在“六成就”具足下得以发展出今日的人间佛教，不但获得普世肯定、认同，而且成为带动时代进步发展的重要思想学说，这一点在《百年佛缘》里处处都能见出端倪，并且获得印证。

首先就以“信成就”来说，大师刚到台湾弘扬人间佛教之初，佛教界的同道并不认同，他们不但嗤之以鼻，认为人间佛教是星云大师所自创，人间佛教是标新立异，是旁门左道，是庸俗、肤浅的佛教，因此都以不屑的态度在冷眼旁观，不时地还要加以阻挠、打压。

但是大师坚信，人间佛教是佛陀的本怀，佛陀出生在人间，出家、成道、弘化都在人间，佛陀对人所说的法，就是人间佛教；佛陀的教法本来就具足人间性，只是后世弟子在弘化方式与说法内容上产生了偏差，使得佛教失去人间性，所以大师弘扬人间佛教，就是为了重整如来一代时教，也就是为了回归佛陀降诞人间“示教利喜”的本怀。

大师强调，人间佛教并不是他所自创，也不是某个个人或某个地区的佛教。追本溯源，人间佛教就是佛陀之教，是普世应该信奉的佛教，是佛陀专为人而说的教法，因此真正发表人间佛教宣言的，其实就是释迦牟尼佛！

因为大师对佛陀、对人间佛教有着坚定不移的信仰，因此尽管初到台湾时，面对戒严时期白色恐怖的政治打压，以及有蒋宋美龄为后台的基督教之排挤，当时台湾佛教几乎没有生存的空间，许多出家人因此屈就现实而易服还俗，或是改宗他教。但是大师却坚此百忍，不因社会的各种威胁利诱而动摇。

所谓“利诱”，包括孙立人将军曾想说服大师从军，他保证十年内将让大师升任少将，但是大师认为“把和尚做好”才是重要；乃至当时台北市政府人事室主任秦江潮教授，也要大师负责主编《自由青年》杂志，但是大师仍然坚守出家人的岗位，他以“非佛不作”断然拒绝，终而不致从僧团里流失。（见“社缘篇 · 孙立人和孙张清扬”）

至于“威胁”，大师于一九四九年到台湾时，因为台湾刚经历了“二二八”事件，整个时局动荡不安，这时国民党又听信谣传，说共产党派了许多出家人渗透到台湾来，因此下令大肆搜捕，大师因此遭受二十三天的牢狱之灾。（见“僧信篇 · 大陆僧侣在台湾”）

后来虽然幸经营救出狱，却面临挂单无着、三餐不继的窘况，但是再大的艰难困苦，都动摇不了大师弘法利生的愿心，他不但克服了生活的困顿，也突破了现实环境的各种阻碍，而从最初“外出需向派出所请假”、“集众说法要和警察斗智”的困境中，逐一展开各种弘法事业与活动，也一步一步走出他的弘化之路。（见“行佛篇·和警察捉迷藏——我初期弘法的点滴”）

当时大师看出，佛教要在社会上立足，首先要有利生的事业，如此才能让社会看重，同时还要办各种弘法活动，如此才有因缘让社会大众接触佛教。于是他创办了佛教第一所慈爱幼稚园，一时惊动社会；他先后成立国语补习班、文艺写作班、青年团、儿童班、歌咏队、文化服务处等，接引了一批优秀的青年学佛，后来更成为佛光山的核心干部，此中包括心平、慈庄、慈惠、慈容、慈嘉法师等人，甚至中生代的依空、慧传法师，也都是当年儿童班的学生，如今也都在佛光山身负要职。

因为大师深知，佛教要能利他，才能化世，因此不能只是闭门空谈理论，要能走出去，要能弘扬，要能推动，如此才能让社会大众有机会“学佛、闻法”，继而把佛法落实在人间生活里，如此才能对人有益，这才是真正的人间佛教。

为此，大师着手展开各种弘化，举凡著书立说、讲经说法、设校办学、兴建道场、文化出版、施诊医疗、养老育幼、共修传戒、朝山活动、扫街环保、念佛共修、佛学会考、梵呗演唱、素斋谈禅、军中弘法、乡村布教等，大师都不遗余力地努力在推动。

大师曾如是说：“我自觉我一生不是只有研究佛学，我是研究佛教；佛教太庞杂，不光只是研究佛法，所以我不敢自承是佛教的义理大师。不过我虽然没有时间一门深入，但我自觉自己称得上是广博多闻。因为我提倡‘人间佛教’，我研究的是佛教，佛教是佛陀的教育法，既是教育，就必须透过各种方法、管道来弘扬佛法，而不能只是安居一处，深入研究佛学。”（见“行佛篇·我推动人间佛教”）

正因为大师不是只研究“佛学”，而是研究“佛教”，所以能广行弘化，因此能让社会大众得以接触、并且真正认识“人间佛教”，

继而让普世重视、接受人间佛教，这就是大师具足第二个条件——“闻成就”。

只是大师一向“但开风气不为师”，他总是“功成不居”地把“光荣归于佛陀、成就归于大众、利益归于常住、功德归于檀那”，所以今日人间佛教的成就，他一样不曾居功，而是将此归之于民主时代来临的结果。他认为后来由于台湾社会慢慢步上民主化，政治人物为了争取选票，不得不对佛教示好，因此给了佛教弘传的空间。

但事实上，若要论起时代背景，真要探究“时间因缘”，应该说，大师生逢战乱的大时代，他走过北伐，历经中日之战与国共之争，不但受过牢狱之灾，而且多次在枪口下游走于生死边缘。（见“行佛篇 · 云淡风轻的事件——从挫折中发展”）

因为一生饱尝战争的颠沛流离，以及大时代的苦难，让他深刻感受到苍生之苦，因此长养他悲悯众生的慈悲心与弘法度众的菩提心；他相信“佛法是苦难人生的慈航”，愈是苦难的时代，愈需要佛法的救度，所以愈要好好弘扬人间佛教。也就因为怀抱这份“不忍圣教衰，不忍众生苦”的悲心弘愿，因此他用半个世纪以上的岁月致力于人间佛教的弘扬，终于成就了今日高希均教授口中的“星云奇迹”。

我们纵观历史，愈是非常的时代，愈能造就非凡的伟人，此即所谓“时代创造英雄”。然而时代虽然能够造就英雄，但其实真正的英雄，应该要能创造时代，否则同样身处苦难的大时代，应该人人都是英雄才对，何以别人做不到的事，唯独大师能？这就说明了“时成就”之外，“主成就”更是成事的重要因素。

大师曾经说过，人间佛教不能只是喊喊口号而已，也不只是引用一二句经论就算，弘扬人间佛教真正需要的，是落实人间佛教的行者。

大师一生，一直把落实人间佛教当成是自己责无旁贷的使命，他认为人生最大的发心，就是利众，不能只求自了！所以大师本身其实就是一位具足“悲智双运、解行并重、事理圆融、真俗一如”的菩萨行者，在大师的理念里，佛教所谓“修行”，并不是个人片面的解脱，而是全方位的弘法利生。

为了展开全面的弘法利生，也为了提升佛教的社会地位，大师多年来一直秉持“以文化弘扬佛法，以教育培养人才，以慈善福利社会，以共修净化人心”的四大宗旨，积极创办各种佛教事业与举办各种弘法活动。

例如，在教育方面，他从“僧伽教育”到“信众教育”，再到一般“社会教育”，不但有幼稚园、小学、初高中、大学、研究所，而且不只一二所，光是佛学院就有十六所，正规的社会大学四所，以及多所社区大学等。

在文化方面，他从藏经的重编到佛书的出版，以及杂志、报纸的发行，甚至成立电视台、美术馆、图书馆，乃至举办各种学术会议、各种文化活动及佛学讲座等。

社会福利方面，诸如养老育幼、抚孤恤贫、施诊医疗，甚至丧葬超度等，可以说人的一生，包括生老病死，都有常态性的单位给予周全的照顾，并且针对世界性的重大灾难，也随时随地提供“仁爱关怀”、“急难救灾”等济助。

此外，在活动共修方面，各种净化人心的社会运动，乃至针对青年、儿童、老人、金刚、妇女等各种不同对象所举办的共修、社教、学术等活动，每天都在佛光山五大洲各别分院推动下，同步在全世界进行。

有人说：佛光山一日所作，一般道场一年都做不了。这句话一点也没有夸张，不过更值得一提的是，大师在从事“利他”事业的

同时，所展现的“无我”精神，才是他能成功推动人间佛教的关键所在。

大师个人的人生观，一直都是“以无为有、以退为进、以众为我、以教为命”。大师一生凡有所做，都是为了弘法，都是为了利众，他的心中只有佛教，没有个人。

例如大师最初的人生规划是“以文弘法”，他并无意于建寺当住持，而是希望做个佛教的舆论家，透过文章来针砭时弊、改革佛教，同时针对一些对佛教不公的言论大发狮子吼，以此弘法护教。

但是大师生性务实，他深知写文章虽然可以畅所欲言，为佛教发声，但是如果只有批评建议，没有实际建树，还是无法达到兴革之效。尤其他分析太虚大师当初的教理、教制、教产“三佛改革”所以失败，主要是“六成就”不具足，其中尤以“众成就”与“处成就”不具最是致命，因此尽管他无意当住持，但顾及现实需要，早在一九四八年南京华藏寺荫云法师请他担任住持，他就基于革新佛教，必须要有根据地，总不能天天居无定所，站在马路上空喊改革的口号，这是没有用的。因此他与荫云法师商量，不用住持名义，而与智勇法师不计名分，两人共治华藏寺。（见“僧信篇·师恩高于山”）

及至到了台湾，先后也有中坜圆光寺、苗栗法云寺、新竹青草湖灵隐寺、嘉义天龙寺、台中佛教会馆等，都曾经想请大师担任住持，但他“不任一寺住持”的初衷未变。甚至从一九五三年到宜兰，五十年间他创建宜兰念佛会，二度重建雷音寺，也都不曾担任过住持。直到后来为了实现理想，终于在一九六七年创建佛光山，并且从台湾发展到全球五大洲的二百多个别分院道场与事业单位，作为他推动人间佛教的据点，每日展开各种弘法活动。

大师甚至不但以寺院为弘法道场，他更让佛教走出寺院，走向社会，走入家庭。他在驻锡宜兰雷音寺弘法时就带领青年下乡弘法，举凡庙宇宫观的广场，乃至公园绿地，甚至街头的十字路口都是他布教的地方。

慢慢地，大师更把弘法平台延伸到工厂、机关行号、学校、军中、监狱等，甚至走向“国家殿堂”，例如每年固定在台北国父纪念馆及香港红磡体育馆举办的“佛经讲座”，场场都是座无虚席，乃至多次到可容八万人的马来西亚莎亚南体育场举办佛学讲座，更是一次次造成轰动，掀起闻法的风潮。

及至现在，随着科技发达，除了电视、电台弘法以外，透过网际网络进行远距教学，更使佛法无远弗届地走向世界各个角落。甚至数十年来在五大洲创建的四所大学与数十所中华学校，以及台湾多所社区大学及各级中小学，乃至佛教学院、美术馆、滴水书坊等，都是他传播佛法、育才化人的处所与管道。尤其于二〇一一年落成的佛陀纪念馆，其硬体本身就是在做无言的说法，更把佛教的弘传推向另一个新的里程碑。

人生，要有舞台才能施展；佛教，要有道场才能弘法。虽然大师弘化的道场并不局限在寺院里，但是总要有地方，才能集众说法，总要有场所，才能弘法传教，这就是“处成就”的重要。

数十年来，大师因为在世界五大洲到处都有弘法据点，到处都有人邀请他说法，因此也就不得不马不停蹄地云游世界，展开他“处处无踪迹，声色外威仪”的弘化人生。

但是世间事不是一个人可以做得了的，所以要靠“众成就”，因此要培养人才。人才的培养，要靠教育。大师一向很重视人才的栽培，他深知“人能弘道，非道弘人”，故而早在一九六四年寿山寺落成后，就顾不得信徒反对与杯葛，毅然设立了“寿山佛学院”，后来更为了扩大招生而开创佛光山。他把佛学院从寿山寺迁移到佛光山，更名为“东方佛教学院”，继而再到现在的“佛光山丛林学院”，成为五十年间办学不辍的第一所佛教学院，甚至后来发展出全球十六所佛学院，包括美国西来佛学院、澳大利亚南天佛学院、南非佛学院、马来西亚东禅佛学院、印度佛学院等（见“社缘篇·我办大学等社会教育”），多年来接引了许多当地青年就读，所培育出来的人才已为本土化的佛教奠定了扎实的基础。

具有五十年历史的佛光山丛林学院，可以说是大师培养人才的重要摇篮，历年来毕业的学生如今都在世界五大洲弘化，带动国际佛教的发展。尤其值得一提的是，佛光山一千多名僧众，百分之九十九都是佛光山丛林学院毕业，所以在思想、理念上有共识，大家都以“弘扬人间佛教，建设佛光净土”为共同目标。由于佛光山并不是一个痂聚的团体，而是有共同的理想、方向与愿景，所以大家能安住身心，修行办道，因此佛光山能发展成为世界最大的佛教僧团。

甚至从佛光山僧团，大师继而成立佛光会教团，并且制定檀讲师制度，让广大的在家信众也有平台参与弘法护教的行列，如此“两序平等，四众共有”，成为大师弘扬人间佛教的重要长城与坚实堡垒。

除此之外，大师本着“人间佛陀不舍弃任何一个众生，人间佛教不舍弃任何一个法门”的信念，多年来施设各种管道，广为接引社会各阶层人士学佛，不但增加了佛教徒的数量，素质也因此大大提升。例如慧开、依空、依法法师等人，当初就是因为参加“大专佛学青年夏令营”而学佛入道。（见“文教篇·佛教丛林学院的发展与成就”）

大师认为，过去的佛教只是叫人“拜佛”，因而把一些年轻的知识分子都给拜走了，所以他提倡“行佛代替拜佛”。过去的佛教只把共修局限在“念佛”上面，于是念到后来只见佛堂里都是一群老人家，因此大师认为应该扩大“共修”的内容，举凡禅坐、念佛、抄经、读书会，乃至各种学术、艺文、公益、慈善、社教等活动，都是佛教应该推动的“共修”。唯有如此，才能让不同根机的社会大众，有更多机会、各依所需透过研习共修、听经闻法、素斋谈禅、喝茶论道、义工服务等因缘来接触佛教。

由于大师的远见、睿智，今日佛教徒不但年龄愈来愈年轻化，知识水平也愈来愈高，甚至一般社会大众也对佛教心存好感，大家愿意接触、认识佛教。例如一九九四年台北道场落成时，曾举办为期一个月的“生命的活水”名人讲座，邀请各宗教及社会各界知名人士讲演，一时佳评如潮。期间每天并有大师亲自主持的“素斋谈禅”活动，也是深受社会人士喜爱，因此后来一直持续举办。

光是“素斋谈禅”这项活动，一年之间就洋洋洒洒聚集了来自政治、企业、艺文、银行、媒体、教育、司法、宗教、演艺等各界近万名人士参加，由此可见大师度众的能量之大。（见“社缘篇·素斋谈禅的意义”）

大师为何能让这么多高阶人士愿意与之亲近？最主要的是大师见多识广，博学多闻，虽然大师自谦一生未曾进过正式的学校读书，也没有拿过一张毕业证书，但如今却获得世界十三所名校颁赠给他荣誉博士或名誉教授的称誉。（见“文教篇·我与荣誉博士的缘分”）

因为大师见闻广博、世出世间的学问丰富，因此不管任何对象，大师都能应机说法，甚至谈古论今，举事说理，大师都是信手拈来，谈笑风生。例如曾经采访过美国艾森豪威尔将军的名记者陆铿先生，他与大师不论信仰、个性或生活背景，都是迥然不同的两个人，但他们却相识、相交几十年，而且无话不谈。

据大师分析，陆铿的人生历练丰富，见闻广博，平时并不容易找到谈话的对象。但他与大师往来，不管是谈过去的历史，或谈现在的时事，甚至对大陆各界人士，大师都约略知道，都能和他附和，因此他把大师当成知音，是他谈话的对象，自然也就乐于和大师交往了。（见“社缘篇 · 名记者陆铿的性格”）

其实大师不但学识丰富，尤其大师生性慈悲厚道，喜欢与人为善，凡事从善如流。他躬亲实践自己倡导的“给人信心、给人欢喜、给人希望、给人方便”，很多与大师接触过的人，都感受到大师的平易亲切，让人如沐春风；聆听大师开示，就像加油、充电一样，人生可以获得许多启发，因此莫不终生难忘。

由于大师深具摄众度人的能量，因此不但僧信弟子喜欢跟从，社会人士也乐于相交。此中尤以大师从年轻时就喜好文学，热中写作，因此刚到台湾之初，就一直与不少文人、作家，乃至报刊的编辑、记者时相往来。如：郭嗣汾、朱桥、何凡、林海音、公孙嬿、方杞、柏杨、刘枋、痖弦、司马中原、高阳、陆震廷、吉田实、翁慕良、丁中江、卜大中等。

大师一生结交许多艺文界的朋友，而他们的文笔长才，也为人间佛教提供诸多助力。例如曾经担任台湾省新闻处处长的郭嗣汾先生，他在大师主编《今日佛教》时，一句话点拨，帮助没有毕业文凭的大师，以实务经历顺利取得发行人登记，并应大师之邀，在《今日佛教》发表小说《菩提树下的儿女》，为佛教的杂志增加篇幅。（见“文教篇 · 我与艺文界的朋友们”）

再如“中央社”的记者翁慕良先生，自从佛光山开山之初，就一直为佛光山撰写新闻，他的一篇《佛光山开山特写》，引起了《中央日报》社长曹圣芬先生的重视，特地上山访问大师；一九六九年佛光山举办第一届大专佛学夏令营，他的报道再度成为焦点新闻，之后就引来一批批的年轻人纷纷到佛光山参观。（见“文教篇·我与无冕之王的因缘”）

他们对佛教的助缘，至今依然让大师感念在心。尤其有感于文字的传播力量之大、宣传效果之迅速，大师一直很重视文教工作，对文化人更是礼遇有加，不但与文人时相往来，自己一生也是写作不辍，著作等身。

另外，佛光山的弘化一直以来也都是以“文教为主、慈善为辅、活动共修为方便”，甚至佛光人常自豪地说：“佛光山是以文教起家！”这句话说得一点也没错，因为当初购买佛光山这块地，乃至兴建大悲殿及大雄宝殿的经费，是来自大师著作《释迦牟尼佛传》、《玉琳国师》，及译自日文《观世音菩萨普门品讲话》的版税所得，所以直到现在，大师常说：佛光山是玉琳国师买的，大悲殿是观世音菩萨盖的，大雄宝殿是释迦牟尼佛建的。

目前大师已出版的著作多达二千多万言，类别包括经典、论文、仪制、教科书、主题演说、问题座谈、讲演集，以及时论、散文、书信、诗、歌、序、缘起、贺文、格言、日记、物语、说喻、说偈、禅话、自传等。可以说佛教的三藏十二分教几乎含括无遗，而且还翻译成英、日、韩、印尼、葡、西、德、俄、梵等十几种语言在世界各地流通。（见“别册·星云大师著作编纂一览表”）

大师的文章既有佛法的哲思内涵，又有文学的优美意境，如名教育家陈之藩教授说，大师的文章充满人文思想，具有很高的文学性！他建议佛光山的弟子要把大师的文章翻译成英文或法文，未来应该可以获得诺贝尔文学奖。

大师一生“以教育才、以文化世”，他志在弘法，并不在乎得奖与否。不过二〇〇六年“世界华文作家协会”还是颁给了大师“终身成就奖”。（见“文教篇·我与艺文界的朋友们”）

甚至二〇一〇年，马来西亚最大中文报《星洲日报》，主办一项“二〇一〇年度最受欢迎国外作家”票选活动，由读者从四十位被提名的国外作家中，选出十大最受欢迎作家，结果大师以高票荣获第二名。

在被提名的四十位作家当中，大师是唯一的宗教人士。大师以一介僧侣获选为最受欢迎作家，不仅是佛教界前所未有的事，而且凸显了一个重要的意义。

过去社会人士普遍把佛教定位为慈善团体，尤其只要是直接从事慈善救济的寺院道场，政府即认定其“功”在社稷，每年都会颁奖表扬。但是一向以文教弘化为重的大师认为，政府如果一味奖励慈善，将使佛教堕落。因为佛教最大的功能，应该是宣扬教义，以佛法真理来化道人心，提升人性的真善美，带动社会的和谐安定，继而促进世界和平，这才是佛教的本怀，也是佛教可贵之处；如果把佛教定位为慈善团体，则与扶轮社、狮子会等社会公益团体有何不同？

大师坚持，佛教不同于一般慈善团体，不能只是从事救济工作，应以文教弘法为重。大师的信念，在他获奖的那一刻，已然得到认同。事实上，大师长期致力于文教弘化的努力，早已获得肯定；大师经年累月到处说法传教，并且著书立说，早已改变了过去佛教给人迷信、落伍的错误印象，而让社会人士从鄙视佛教，继而肯定、接受，并且尊重佛教。

大师的文教弘化改变了佛教，提升了佛教的社会地位，最明显的莫如早期佛书因为印刷粗糙，内容都是一些劝世文，只被当成善书送人，根本没有出版社愿意出版，书局也不肯摆放、流通；时至今日，大师的著作分别受到天下文化、香海文化、佛光文化、时报文化、台视文化，以及圆神、巨龙、皇冠、希代、联经、九歌等出版社，乃至大陆的上海辞书出版社、上海人民出版社等争相出版。

一九九五年天下文化出版大师的自传《传灯》一书，曾连续蝉联畅销书排行榜第一名达数月之久；皇冠出版社也曾发行大师的《星云禅话》，出版当天在上海造成五千多人争相排队抢购的热潮，而且光是第一天的销售量就达到八万余册。

现在一般书局不但愿意设专柜流通佛书，甚至还有专门出版佛书的佛教出版社、佛教书局等。影响所及，现在的佛教作家、佛教音乐创作者，乃至佛教美术馆、佛教博物馆等，也纷纷应运而生。可以说，现在的佛教文化多元发展已达到前所未有的盛况，而这样的结果不但带动佛教更加普及化，同时也接引许多青年、知识分子学佛入道，从而提升佛教徒的文化水平与知识程度，因此今日佛教的社会地位与往昔相比，真是不可同日而语。现在人间佛教呈现出年轻化、知识化、全球化，前途充满了一片朝气蓬勃的荣景，这都是大师重视文教弘化为佛教带来的新局面。

除此之外，更值得大书特书的是，因为大师弘扬人间佛教，已对当代社会产生实质的影响与贡献。举例说，现在社会上到处可见很多“义工”，他们乐于到寺院、医院、养老院，或是社服机构、公益团体去发心奉献，并且以当义工为荣、为乐。

义工的普及，是这个时代最了不起的成就，但是很少人知道，最早倡导义工思想、发起义工服务的就是大师。早在一九五三年大师在宜兰弘法，当时聚集了一批青年，如朱桥、杨锡铭、周广猷、萧碧霞、吴宝琴、李新桃、张优理、吴素真等人，他们发心到寺里帮忙编辑杂志、设计壁报，或是写字、校对，甚至扫地、包书、寄书等。当时大师为感谢他们，都会主动为他们倒茶送水，准备点心，陪他们工作，大师说，“信徒到寺院当义工，我们也要当义工的义工”，因此直到今日，佛光山的每个出家众都有个共识，那就是：我们要当义工的义工。

为了宣扬义工服务的神圣，二〇〇八年国际佛光会世界会员代表大会中，大师特别以“菩萨与义工”为题发表演说。大师说，菩萨是众生的义工，义工是人间的菩萨，只要我们的社会多一个义工，人间就多一位菩萨；人间增多一位菩萨，社会自然就多了一份祥和的动力。

因此，大师认为，身处二十一世纪的今日社会，虽然电脑、医学、生化、航空等科技的迅速发展，带动人类文明一日千里。但是比这个更伟大的成就，应该是放眼全球，到处都有很多发心的义工，他们在社会各个角落奉献一己之力，默默地服务人群，造福乡梓，为社会平添温馨与善美，为人间点燃光明与希望，这种人性光辉的散发，才是最了不起的成就。

事实确是如此，我们看现在的科技如此发达，如果没有人文思想做后盾，如果不能把人性善美的本质加以提升、显发，那么科技愈发达，只会危害人间愈多。例如现在的电脑、手机之发明与不断推陈出新，虽然带来生活上的诸多方便，但也造成人际疏离、犯罪案件层出不穷；再如现在举世一致关心的环保问题，其实地球环境被破坏，很大的一个因素是源于科技发达所带来的副作用。所以现在我们面对地球的危机，唯有唤起人类的“自觉”，只有把人性的真善美不断提升，让“人文与科技并重”，这才是人类自救之道。因此带动义工风潮、灌输“我为人人”的服务信念，让我们的社会愈来愈和谐，人心愈来愈善美，这是大师推动人间佛教的伟大贡献之一。

另外，大师感于现在举世都在倡导和平，但和平的先决条件要有平等心、要懂得尊重包容；不平等、不能相互尊重包容，就没有和平可言，没有和平，人间也没有幸福安乐的日子可过。

为此，大师长年致力于“世界和平”的促进，他希望把“人我一如”、“同体共生”、“法界圆融”的思想落实在人间，所以在历届佛光会会员代表大会中，先后发表了欢喜与融和、同体与共生、尊重与包容、平等与和平、自觉与行佛、环保与心保等主题演说，他不断倡导地球人思想，告诉大家，我们都是同居共住在一个地球村上的居民，我们从缘起的法则来看，每个人都是互为因缘，都是生命的共同体，所以大家要互相帮助、彼此合作，要尊重包容，和谐共处，要“同中存异，异中求同”，能够尊重很多不同的存在，大家才能共存共荣。

甚至大师基于人间佛教的倡导，主要就是希望用佛法来美化人间，也就是要把佛陀对人间的开示、教化，落实在生活里，透过对佛法的理解与实践，增加人间的幸福、快乐与美满。因此他推动“三好”、“四给”、“五和”，鼓励人人“身做好事、口说好话、心存好念”，随缘随力“给人信心、给人欢喜、给人希望、给人方便”，继而共创“自心和悦、家庭和顺、人我和敬、社会和谐、世界和平”的“五和社会”，这就是人间净土的实现。

大师这些善美、净化的思想，无不成为当代人心思潮所向及普世共同追求的价值，并且已在无形中影响了很多人、改变了很多事。例如二〇一二年的“博鳌亚洲论坛”，大陆史无前例地邀请佛教出家人参加，佛光山觉培法师不但应邀与会，而且成为与谈人；同年，一个层级更高，更具影响力的“夏季达沃斯经济论坛”同样在大陆举行，他们更特别邀请大师做了一场主题演说，主讲“信仰的价值”。

以上这些都足以说明，大师弘扬的人间佛教，已经彻底改变佛教的社会功能与定位，他让佛教不再只是一种宗教信仰，或是纯学术研究，而是一种契合时代需要，可以圆融应用于生活，能够指导世道人心,发挥经世致用、觉世牖民之功的伟大学说与智慧。正因为如此,天下文化创办人高希均教授,把大师推动人间佛教的成就,喻为台湾“经济奇迹”之外的另一个“星云奇迹”,他认为大师所弘扬的人间佛教,已经“改革了宗教,改善了人心,改变了世界”,甚至推崇大师的贡献实在已经“跨越宗教,超越台湾,飞越时空”。

高教授此言并非凭空谬赞,而是有迹可寻,有事可证。这些事实例证都在《百年佛缘》里昭然若揭。《百年佛缘》可以说俨然就是一部“人间佛教的弘传史”,只要读过《百年佛缘》即可发现,大师所以能在六十多年前,把台湾佛教从一片荒芜的荆棘地里,栽植出今日花果繁茂的“人间佛教”来,主要是因为大师能把握人间佛教的“人间性、生活性、时代性、利他性、喜乐性、普济性、平等性”,所以人间佛教能够顺应现代人既要幸福美满富贵,又想升华精神生活的文明渴望。

多年来,大师就是因为紧扣人间佛教的这些特性,因此能把佛教彻骨彻髓地落实在人间,让人间佛教成为社会人生确实需要的指南。而今日人间佛教,可以说早已和现实人生紧紧融和在一起,成为社会大众生活的一部分;“人间佛教”一词,也成为当代最为脍炙人口的一句话,几乎老少都能朗朗上口。

现在社会大众只要谈到“人间佛教”,很自然地就会联想到“星云大师”,“人间佛教”与“星云大师”已然划上等号——星云大师就是人间佛教,人间佛教就是星云大师;就像“佛教”与“人间佛教”已被当成同义词一样:佛教就是人间佛教,人间佛教就是佛教!这个说法从理体上看,是没有疑义的,但从事相上看,星云大师为了落实人间佛教,这一路走来,他是如何坚苦卓绝,如何忍辱负重,如何突破重重困难与阻碍,才终于缔造出今日人间佛教的风华,这些成就的背后，一般人是看不到的。现在一般人听到“人间佛教”，感觉好像一切都是自然天成，根本不费吹灰之力，理所当然地“佛教”就成了“人间佛教”，一切都是那么不假施设，本来如是。

事实上，现在大众看到的是人间佛教的“成果”，所谓“果”从“因”生，无因无缘不能成果。任何果实在成熟之前，都需要辛勤地耕耘灌溉，都要经过不时地除草施肥，甚至还要忍受风吹日晒、雨雪霜寒的煎熬，这些不为人知的艰辛付出，今日大师自己回顾起来，一切也都是那么云淡风轻，那样地不落痕迹。

然而，只要细细阅读《百年佛缘》，还是可以感受得到，数十年来大师为教的悲心弘愿，大师度众的苦心孤诣，大师行化的人格风范，大师弘法的思想行谊；乃至从《百年佛缘》里，也能发人深省，领会大师所谓“付出才能杰出，投入才能深入，磨练才能熟练，平凡才能不凡”的至理！大师此言诚然不虚，大师一生的成就，就是最佳明证！

人生的荣誉博士——星云大师

英文《中国邮报》行销企划总监　吴奕萱

吴奕萱，笔名吴杰，一九六六年生，毕业于英国伦敦西敏寺大学行销公关硕士班。目前任职于台湾英文版《中国邮报》(China Post)、《学生邮报》(Student Post)与《发现台湾》(Discover Taiwan)。曾任职于台湾与北京的知名英文媒体英文版《中国日报》(China News)、《台湾新闻》(Taiwan News)、《那就是北京》(that's Beijing)，(即现在的 the Beijinger)与《亚洲周刊》(Asia Weekly)。于二〇一二年编著了深受好评的《台湾赞》及其英文版，目前该书英文版已到达了全世界一百一十个国家和地区，并即将在美国再版。

前言

在巴西佛光山如来寺工作的阿姨，去年回台湾时，国际佛光会中华总会秘书长觉培法师请她吃晚饭，阿姨邀我去作陪。

因断断续续在海外住了十一年，所以，只听过星云大师与佛光山之名，其他则完全不了解。不喜欢任何教规的我，对任何宗教都不感兴趣，但为了让阿姨开心，我答应出席。

原本计划待个三十分钟后，就找借口离开，万万没想到，和我同龄看起来却比我年轻许多的觉培法师，她所说的每一句话，竟都深深地吸引我的注意力。

在听她说完几个星云大师的小故事后，我对这位八十五岁的高僧充满了好奇。

没想到原本只被当成应酬般看待的晚餐，竟意外地成为了我心灵之旅的开始。

采访纪实

您是阿根廷华侨，为何决定出家且追随星云大师？在什么情况下接触到佛光山的？

觉培法师：一九九六年在法国巴黎有幸认识星云大师，在前后近一个月的时间中，我每天提出无数问题，家师竟然不厌其烦地给予我答案，追求真理一直是我一生的目标，于是我决定放下一切回到台湾，一年后便出家，次年于印度受三坛大戒。

佛光山是个大菩萨道场，这里的人每天虽然为弘法忙碌，但却在服务他人中充满了无限欢喜，尤其是星云大师“心包太虚”的胸襟，以及大开大合的格局，至今庆幸自己真是找对了道场，出对了家。

在您的眼里，星云大师是位怎样的老师？

觉培法师：很风趣、慈悲又有智慧。对众生平等，对所有生命爱惜如己，小到池塘里的鱼儿被民众养太胖，或山里的鸟儿没吃饱，竟然都能观察入微，这种细微的观察能力，都来自他对众生的关怀。星云大师既是宗教家，他一生办学无数，也是教育家；他写下数千万字的著作，更是文学家；他领航佛教走向世界五大洲，更是卓越的管理学家。他的知识来自大量阅读，除了佛教外，还包括其他宗教、历史、文学、政治、教育、经济、建筑，还有科学，以前眼睛好时，他还阅读《牛顿》杂志，凡是对众生有益的知识，他都充满热诚地学习。年纪虽大，心情却非常年轻，他的创意与新思维，常让年轻的法师觉得跟不上。大师虽然很有名，但从不放在心上，每天写作、课徒、挥毫、指导佛陀纪念馆工程、会客，耐心聆听学生们自己都讲不清楚的问题，并给予一一指导。

您认为为何如此多徒弟愿意跟随大师？

觉培法师：大师的民主风范与包容的性格是非常鲜明的，虽然受过传统佛教学院严苛的教育，却从不以严苛来要求别人；弟子受委屈时，他会很客观地点出问题所在，并指点如何突破困难的方法。过去佛光山规定早上四点半起床，许多学生因此都没睡饱，大师却以民主方式，不顾长老们的反对，用全山投票方式决定了五点半起床，他重视的不是一般形式上的戒律，而是制戒的根本精神。对佛法能够深入浅出，又了解世间的冷暖人情。

为何两岸的高官与政商名人如此拥戴他？

觉培法师：在家师眼里，政商名流也是人，他们也有自己的烦恼，这些名人见到家师后，很能够感受到他自然流露的慈悲与智慧，尤其家师知无不言、言无不尽的性格，让每个人见了他无不喜欢亲近他，就连小孩、青年甚至外国人。家师虽然慈悲，对于正派的坚持却始终如一，即使面对元首，他依旧不卑不亢地点出领导人必须视苍生如己。他的正直与正派，当然也得罪了一些人，但他都不以为意，因为家师说这世间就是“一半一半”的世界。大师的朋友非常多，即使信仰不同、个性不同、喜好不同，他的哲学总是“同中存异，异中求同”，认为这世界拥有不同，必然更美。许多疑难杂症的问题想请他帮忙，只要是善美的，他就帮到底。家师排难解纷的古道热肠，也让他结下了世界各地数百万信众的好因好缘。

此外，家师一生不因贫穷而忘志，更不因需要建寺功德而低声求人，一生从不向人化缘，“不要而有”的哲学，也让许多企业家对他更为尊敬。

听完觉培法师的这一番话，我带着感动回家。在公车上迫不及待地打开觉培法师送我的一本叫《星云模式的人间佛教》的书，看到几处而感动落泪，还因此坐过站。

一周后，我写了封采访企划书给觉培法师，请她替我安排专访星云大师，并答应她写一本书来感谢养育我多年的台湾。

透过觉培法师的协助，我和同事卢玥麟（Deborah Lu）有幸在星云大师口述《百年佛缘》期中，到高雄佛光山亲自采访到这位八十五岁，在台湾宗教界占有举足轻重地位的佛教领袖。

一看到大师从轮椅上站起来，我的眼睛马上就湿润了！在台北与北京英文媒体工作了十几年，我采访过了不少名人，但这还是第一次强忍眼泪进行采访。那种强烈的心疼是无法用文字或言语形容的。

采访纪实

请大师描述您心中的台湾。

大师：台湾山水好，台湾人情味浓，人好，交通好，尤其教育好。台湾也没有什么男尊女卑，男女平等。台湾还有民主自由，没有恐怖，可以生得逍遥自在，尤其是宗教信仰很自由。台湾是可爱的宝岛、美丽的宝岛。

大师觉得台湾有哪些可爱的地方？

大师：台湾宝岛到处都可爱，阿里山的日出很美，日月潭则有湖光山色。我在宜兰住过多年，站在佛光大学门口，太平洋、龟山岛在望，兰阳平原好山好水，南部高屏草木葱茏，树木高挺，花草缤纷。唯一遗憾的是台湾人膻意很重，大家不断地吃大鱼大肉，对于环保生态之影响是需要努力的。如果能多爱护地球，多保护自己的健康，对社会会更好。

台湾最让您骄傲的地方为何？

大师：台湾地方不大，虽然是吵吵闹闹的，但是，基本礼仪、人的气质与文化水准都值得骄傲。

您个人最喜欢台湾哪些地方？

大师：台湾城镇可爱的太多了。花莲的太鲁阁甚是伟大，它的石头会随季节变化，很美。象山、太平山与玉山都很雄伟，日月潭也美不胜收。我们高雄佛光山是宗教道场，以教育为主，本来并不是希望大家来观光，但信徒来参拜，我们不会拒绝。我们信徒很多，每天都有几千人。最近建了一个佛陀纪念馆，将来我们希望能让世界看到这个佛陀纪念馆，来想到台湾的美好。

您喜欢吃的台湾菜及其他有名的台湾菜有哪几道呢？

大师：我吃得十分简单，宜兰的酱菜、豆腐乳与菜心都好吃。

（对于一般人）夜市是台湾的特色；台南的担仔面与蚵仔煎也很有名；高雄的六合夜市与台北的饶河夜市很多人去吃小吃，不贵。

佛陀以外，您一生最敬佩谁？

大师：这个世界啊！需要好多的名师，各行各业都需要有一些。像中国大陆把孔子的像竖立起来，我觉得很重要，因为他倡导四维八德。我觉得应该把孔子与佛陀、耶稣放在同样的地位。

影响您最大的是谁？

大师：我的父母虽然贫穷，但是他们生了我这一个人，影响我的性格。我从小勤劳，影响我的父母给我慈悲，我的师父给我的教育与磨炼，没有他给的磨炼，我难以成人，社会广大的群众营养了我的生命。

除了勤劳慈悲外，您认为自己还有什么优点呢？

大师：我的优点？说来惭愧，我没有什么特长。如果你一定要我说的话，我唯一的优点就是"凡事往好处想"。

您有任何缺点吗？

大师：我的缺点太多了……我不会英文，外语不通，不会唱歌或弹任何乐器，也不会修理汽车。不过，勤能补拙，我以自己慈悲的心、勤劳的能量与对人尊重来弥补我的缺点。

您最感激谁？

大师：我感激一切众生。我吃饭的米来自农夫种田，穿的衣服来自工人织布，出门要靠驾驶，所以世界上每个人都要感激。

您这一生最开心的时刻是哪一刻？

大师：人家跟我说过年快乐、圣诞快乐，但我天天快乐！我人生为欢喜来到人间，为何要痛苦呢？我可以告诉你，我天天都是快乐的，像现在，我能跟你谈话，也很快乐！

我比您更快乐！您平常除了宣扬佛教之外，都做些什么呢？

大师：年轻的时候就是传道，给人欢喜。现在老了，走不动了，眼睛看不到了。但佛祖帮忙我，让我能写字。所以，我一天能写许多字，来广结善缘给需要的人。

您个人认为您被各界推崇的原因为何？

大师：这是推崇佛教，不是推崇我。我老了，在佛光山都不敢出来。但是你邀了我，我就来应对一下，大不了就这样嘛，有什么困难呢？

台湾趋向少子化，迈向高龄社会，您认为政府该怎么帮助高龄的老人呢？

大师：人类有几万年历史，一直到现在，每个时代都吵吵闹闹，但最后都是船到桥头自然直。

大师对死刑有何看法？

大师：我认为只要不是伤害到别人的生命，都可以用其他的方法来判决，不用判死刑，如果是杀了人，伤害到别人的生命，就有因果了，一个杀死了人的人，怎么可以自己不死呢？他应该要接受这个死刑因果。死刑统统废止了，也未必是好事。

大师对台湾未来有没有什么期许？

大师：我已经老了，做不了什么事情了，唯一能做的是写写文章教育民众，社会如果有需要我表达意见的地方，我也会表达。国家兴亡，匹夫有责，我们对国家社会和人类有个使命感，此生算是尽心尽力了。

采访纪实

因为担心把大师累着了，所以，我决定跳过几个问题，结束了采访。不料，我关掉录音机后，眼泪就像洪水般倾泻而出，心情激动到久久无法自已。

星云大师的谦虚与平易近人,让有时自视甚高的我显得如此的可悲与渺小,渺小到自己都觉得无地自容。

在离开佛光山前,满和法师带我和同事参观了所有的佛堂、美术馆与宏伟壮观的佛陀纪念馆等地。这位北一女及台大外文系毕业的法师告诉我们,她大学毕业后,曾担任贸易公司的秘书、民航局飞航服务总台的航讯员与国中的英文代课老师。一九八七年到佛光山就读不收学费的佛学院,当时,星云大师在美国创建西来寺,需要会英文的人,和觉培法师一样,在与大师谈话之后,她的内心感到非常欢喜,所以,过没多久就决定出家。

当我问她从星云大师学到了些什么,她面带着满足地微笑,回答说:"学到太多了,有一件事非常重要,就是要不断地进步并坚持到底!"

我曾经因怕得到 SARS 而传染给家人,居然还飞到新西兰去避难一年,但自从采访过星云大师后,我开始相信:船到桥头自然就会直了。现在,就算是世界末日明天就要到来,我也不会恐慌害怕了。

在此,我要特别感谢佛光山的星云大师、觉培法师、满和法师、妙光法师、慧守法师、满穆法师、妙宁法师、如彬法师、周婉婷小姐与我的阿姨罗兰芳老师,谢谢您们帮助我找到了那份内心真正的宁静!

——本文摘录于《台湾赞!》www.taiwanzan.com.tw

人间佛缘　百年仰望(后记)

星　云

《百年佛缘》要出版了，
有人问我今年几岁？
我反问地球：您活了多久？
地老天荒，我在哪里？
万千年的流转，我又在何方？
盘古、女娲，
或许我有见过，
因为隔阴之迷，
现已无从思量；
嫦娥、玉兔，
只是从故事里飞奔的美丽篇章。
问唐尧虞舜已难知道，
探文武周公也无法端详。

老子骑着青牛西去，
有人说紫气在东方；
庄周一梦，
蝴蝶飞向北方？
如梦幻般的人士，
在我近百年的岁月里，
南北东西已不是地老天荒；
是在六道里流转？
是在法界里流浪？
问往事记载，已一片苍茫；
这八十多年的岁月，
我历尽了多少沧桑。

北伐动荡的时代，
我带着懵懂无知的生命来到世上，
严父慈母的恩惠，令人难忘；
但家徒四壁，
已知道未来前途难有希望。
扶桑的炮火，卢沟桥的烽烟，
亲人的离散，举国的人民，
失去了生命的保障；
到处逃亡，四处流浪，
逃亡到哪里？
流浪到何方？
所幸，佛陀向我招手，披剃出家
从穷苦的偏乡，

一下子登上人间天堂。

石头城伴着红叶，
深山古寺的丛林，
寂寞的童心，
虔诚，如梯如崖，
我要不断攀爬，
不断成长向上。
往事历历，桩桩难忘，
三刀六槌的学习，
十八般头陀的苦行，
是我奋发的力量。
师长们的犍槌打骂，
原来是一双慈悲的手掌；
细细的思量，
才能懂得他们一如菩萨的模样。
绵延不断的扬子江，
伴着金焦伽蓝，
诉说世间生灭的无常；
宜兴大觉寺祖庭的师恩，
让我永志心上。
我在自觉之中打开心房，
所有的困难都视为应当；
辛酸的生活里，
信仰始终让我屹立增上。

遗憾的是，
内战的枪响，苦难的降临，
加重了兄弟姐妹的伤亡。
战乱的烽火，流窜南北四方；
是炮弹？ 是机关枪？
是生死吧！
把我送到台湾“福尔摩沙”。

船行在茫茫海中央，
天色已蒙蒙微亮，
倏然乍醒，
原来我还活在世上。
眼前是一座美丽的宝岛，
但海峡两岸又成为对立的战场；
政治上的冤屈，
让人对未来感到惊慌。
我辈像初生的婴儿，
衣食住行的缺乏，
让我在人海里徬徨；
像飘零的落叶，
只想在草丛里躲藏，
又像一只孤鸟，
需要有树枝作为栖身的地方。
政军以外，
也有许多好心人给我帮忙；
桃园妙果老，

一句“你住下来”，
让我的前途又点燃了希望；
吴鸿麟老先生为我设籍落户，
孙张清扬女士为我补办行装，
从此以后，
台湾成了我的第二个故乡。

但社会的动荡，人心的仓皇，
恐怖的岁月，又翻新了花样；
“二二八”的阴影，
治安单位猜疑的眼光；
终于，我被关进了牢房。

所幸，新竹青草湖出现了曙光，
我和青年学僧以佛法为慈航；
台北是十里洋场，
生活是个困难的地方；
几番轮转，
宜兰士绅李决和等向我呼唤，
我徜徉兰阳平原自然人情的风光，
尽管语言不通，生活虽有差异，
但与宜兰人的相处和乐通畅，
社会青年们纷纷加入我的行列。
我开始了传教弘道，
经常和警察捉迷藏。
为了觉群周刊，

我说太虚大师不是印光，
佛教教派的执着分歧，
让我几乎又要亡命他方。
名伶演戏伤害佛教，
为了护持正法，
我发出无畏的呼啸，
无视于当时的安危存亡。

我数度环岛、云游四方，
领略宝岛人文风情、自然景观；
我蹽过溪水河川，
也曾在农村睡过猪舍牛房。
我翻越高山峻岭，
到八仙山为砍木的工人说法，
又到太平山和青年们讲道；
神庙前、晒谷场，
都是我布教的地方。
宴会、迎送，不是我的专长，
为了佛法的传扬，
只有南下高雄港湾，
和南部的青年们交流来往。
我在寿山建了第一座道场，
这是青年慧命养成的摇篮，
当然，不会忘记旅居的兰阳，
别人说，
我在宜兰，是福如东海，

我到高雄,又说我寿比南山;
有同参法侣的陪伴,
弘扬佛法并不孤单。
高雄名打狗,阿猴称屏东,
嘉义诸罗山,埔姜头是台南永康,
这许多县市,甚至于全台湾,
都能让我发心为教争光。
花莲曾普信、彰化林大赓,南投曾永坤
云林郭庆文,台中林锦东,
他们是当地佛教会的领导,
都成了我最初的好友,
让我在台湾多了一些乡亲父老。
艺文界的朋友,
郭嗣汾、公孙嬿、朱桥、司马中原等,
艺文之美,拓展了我的时空。

我举办"回归佛陀时代",
我推动"把心找回来",
"慈悲爱心人"已遍布四方;
我又发愿为佛教创办社会大学,
这是我出家以来的愿望;
倡导百万人兴学,涓滴爱心,
成就了西来、南华、南天和佛光大学,
这许多人间菩萨,
把大学留在世上,
把智慧留给自己,

把功德留给儿孙。

张大千、李奇茂、马寿华、
王云五、田雨霖、史国良，
许许多多艺术家的书画，
都让我搬进了义卖场，
为社会教育的发展，
大众热心的助长，
成就我办学弘道的愿望；
重新编修大藏经，只为法的流传；
《觉世旬刊》、《今日佛教》、《普门学报》，
“人间卫视”、《人间福报》，
都让我的理想走向四方。

五大洲的信众，帮我在各地开辟道场；
慈庄法师在美国协助大法西来，
慈惠法师和依如、满莲法师在香江启建佛香讲堂，
满彻在柏林购下青年会的楼房，
慈容法师、满谦法师
在欧洲、大洋洲都建立新的道场；
依来第一个前往南非辟土开疆，
马来西亚的觉诚，
在亚马逊河旁、圣保罗的山上建设如来的道场，
一批批穷苦的如来之子，
向世界诉说他们衷心的希望。
在伦敦，我接受了天主教的修道院，

在洛杉矶,也接办了基督教堂,
我倡导世界和平,
我要让普世的宗教同样发光。

我不长于佛教的梵唱,
也没有语言的特长,
靠着优秀的翻译团队给我协助,
慈惠法师的台语和日语,
英语有满和、妙西和妙光,
觉梵的粤语、妙慎的泰语,
葡文有觉诚、西文有觉培、
韩文有依恩和慧豪,
还有德语、法语等人才,
都让我周游世界自由自在,
弘扬佛法于十方。

成住坏空的世间,
让人感觉生命如蝼蚁细微,
大自然环境的变化与崩溃,
让我一次次与灾民,
同在无依的生死边缘,
面对屋倒人亡,失怙伤悲。
印尼、南亚的海啸,
印度、孟加拉的水灾、蜀地汶川的地震,
哥斯达黎加的风灾,洪都拉斯的水患,
在那满目疮痍、触目惊心的现场,

我协助他们，
身心安顿、家园重建，
我鼓励他们，
活着就是力量，生存就有希望！

台湾是个美丽的宝岛，
也有美中不足的地方；
地震、台风、洪水，
经常造成各地的创伤；
我也因此四处奔走，
号召大家一起赈灾救亡。
从一九五九年的“八七”水灾，
到一九九九年的“九二一”大地震，
捐建学校、救济伤患，
就像扛起如来家业一般；
莫拉克“八八”水灾，
和原住民灾民建立了信任和交往，
多少年来，
在彼此的回馈与帮忙中，
我们的心意都能相通。

在无穷的时光隧道里，
我想人都有老病死生，
想到自己将来之后，
不知有什么缺陷陋习给人说短论长？
我问徒众，我个人版税有多少？

他们回答“三千多万”，
真让我讶然；
我的一生都像公有的物品一样，
怎可有那么多私人余款？
二〇〇九年，我把它送进了银行，
作为捐献社会公益的资粮。
天下文化高希均、王力行，
帮我成立“真善美新闻传播贡献奖”；
台湾文学馆馆长李瑞腾博士，
助我推动华文文学的发扬；
佛光大学杨朝祥校长，
为我在台湾的校园里，
让“三好运动”发光，
并让卓越教师受到肯定与表扬。
好心人士的捐款，
托钵行脚的助长，
公益善款日渐增长。
我生也没有带来，
未来也没有什么东西带去，
百年的岁月，就像烟火一样，
总是那么刹那匆忙。

弘法一甲子的时间过去了，
台湾是个自由民主的殿堂，
但社会的分裂，
不断让人感到兄弟阋墙的悲伤；

本来都是一家人，
甚至大陆同胞也是同根同源，
仇恨、对立，都不是好的榜样。
余光中先生说，
一湾海洋，
使中国成为两个地方；
我希望我们中华民族国盛家昌，
未来成为一个富而好礼的家邦。

回忆七十五年前，
慈母准许我出家做和尚，
我为《百年佛缘》写下：
吾母送子入佛门，
要在性海悟法身；
儿今八十有七岁，
弘法利生报亲恩。
我在心灵的深处诉说着：
天下为心，法界悠然；
尽未来际，耕种心田。
我的心愿是人间佛教的弘扬，
佛说的真理法印，
人要的幸福家庭，
四大菩萨的悲智愿行，
十大弟子各有专长，
要我们都能悟道利生；
我寄望佛光僧信弟子，

人人都要立志，
把人间佛教推展到世界各地，
深深印在每个人的心房；
寄语诸佛光人，
正派、慈悲、承担、服务，
要把佛光山打造为佛国净土，
佛光永普照，
法水永流长，
这就是我们永世的愿望。
南无佛，南无法，南无僧。

二〇一三年二月一日
于佛光山开山寮